南方电网能源发展研究院

南方五省区可再生能源发展报告

（2022年）

南方电网能源发展研究院有限责任公司　编著

中国电力出版社
CHINA ELECTRIC POWER PRESS

图书在版编目（CIP）数据

南方五省区可再生能源发展报告．2022年/南方电网能源发展研究院有限责任公司编著．—北京：中国电力出版社，2023.4

ISBN 978-7-5198-7750-7

Ⅰ.①南…　Ⅱ.①南…　Ⅲ.①再生能源—能源发展—研究报告—中国—2022　Ⅳ.①F426.2

中国国家版本馆CIP数据核字（2023）第065714号

出版发行：中国电力出版社
地　　址：北京市东城区北京站西街19号（邮政编码100005）
网　　址：http：//www.cepp.sgcc.com.cn
责任编辑：岳　璐（010-63412339）
责任校对：黄　蓓　郝军燕
装帧设计：张俊霞
责任印制：石　雷

印　　刷：北京华联印刷有限公司
版　　次：2023年4月第一版
印　　次：2023年4月北京第一次印刷
开　　本：787毫米×1092毫米　16开本
印　　张：6
字　　数：82千字
印　　数：001—800册
定　　价：48.00元

《南方五省区可再生能源发展报告（2022 年）》

编　写　组

组　　长　杨再敏

主 笔 人　席云华　饶　志　黎立丰　唐宗顺　杨　帆

编写人员　蒙文川　孙思扬　李　爽　杨至元

前　言

PREFACE

在积极稳妥推进碳达峰、碳中和的背景下，我国能源电力行业在加快规划建设新型能源体系、逐步构建新能源占比逐渐提高的新型电力系统的方向上奋力前行。 南方电网能源发展研究院以习近平新时代社会主义思想为指导，在南方电网公司党组的正确领导下，立足具有行业影响力的世界一流能源智库，服务国家能源战略、服务能源电力行业、服务经济社会发展的行业智囊定位，围绕能源清洁低碳转型、新型电力系统建设以及企业创新发展等焦点议题，深入开展战略性、基础性、应用性研究，形成一批高质量研究成果，以年度系列专题研究报告形式集结成册，希望为党和政府科学决策、行业变革发展、相关研究人员提供智慧和力量。

2021 年，我国能源行业锚定碳达峰碳中和目标任务，加强行业顶层设计，加快推动可再生能源高质量跃升发展。 2021 年以来，我国陆上风电、光伏发电平价上网，整县屋顶分布式光伏开发、碳达峰碳中和“1+ N”顶层设计文件、“十四五”能源规划、促进新时代新能源高质量发展实施方案等政策文件陆续出台印发，可再生能源进入高质量发展新阶段。

2021 年底，南方五省区可再生能源发电装机 2.1 亿 kW，同比增长 21.4%，高于全国增速近 10 个百分点；新能源发电装机 0.72 亿 kW，同比增长 14.3%。 2021 年，南方五省区可再生能源发电量 5773.9 亿 kWh，同比增长 23.6%。 新能源发电量 1251.5 亿 kWh，同比增长 3.3%，占区域总发电量的 8.5%。 风电、光伏发电利用率均超过 99.8%，基本实现全额消纳。

作为年度系列专题研究报告之一，《南方五省区可再生能源发展报告（2022 年）》对 2021 年以来可再生能源政策进行梳理分析，对水电、风电、光伏发电、生物质发电等主要可再生能源建设投产规模、消纳、成本、电价、技术等情况进行统计分析，对分布式可再生能源并网进行专题研究，提出相关建议。

本报告第 1、第 2 章由席云华主笔，第 3 章由饶志主笔，第 4 章由席云华、杨帆主笔，第 5、第 8 章由黎立丰主笔，第 6、第 7 章由席云华主笔，全书由席云华统稿、饶志校核。 其余编写人员对本报告均有贡献。

本报告在编写过程中，得到了中国南方电网有限责任公司战略规划部、计划与财务部、南方电网电力调度中心等部门和单位的悉心指导，在此表示最诚挚的谢意！

限于作者水平，报告难免存在疏漏与不足，恳请读者批评指正。

编　者

2022 年 9 月

目 录
CONTENTS

第 1 章

发展政策

1.1　宏观环境

1.1.1　国际能源供需形势

2021 年以来，天然气、原油、动力煤等一次能源价格快速增长，影响到多国电力供应，能源短缺问题向全球蔓延。能源价格上涨和供应紧缺的主要原因：一是主要经济体能源需求持续增长，能源供应未全面恢复，造成产能短缺；二是极端气候因素加剧供需矛盾；三是双碳背景下能源转型一定程度加剧供需矛盾；四是地缘政治冲突造成国际能源价格大幅波动。

极端气候对能源供需产生不利影响。2021 年以来极端气候事件频发，2021 年初的极端寒冷天气和北半球夏季持续高温增加了取暖和降温需求；北半球丰水季降水量下降，南半球巴西、阿根廷等国遭遇严重旱情，水力发电量的减少增加了这些国家对火电调度的需求；2021 年北半球风量普遍下降，多国上半年风力发电骤降，火电的替代需求激增。2022 年夏季北半球多地遭遇高温天气，部分地区严重干旱。热浪、强降水和干旱等极端气候事件未来或将变得频繁。

受极端气候和地缘冲突等因素影响，欧洲陷入能源危机。2022 年 2 月俄乌冲突后，部分国家对俄罗斯发起全方位、多频次制裁，对国际能源市场造成巨大冲击，能源供需失衡，能源价格飙升。欧洲能源价格上涨进一步凸显了欧洲能源体系的脆弱性。不少欧洲国家暂时放弃二氧化碳排放既定目标，转而更加重视能源安全。7 月，欧洲议会通过表决，将核电、天然气能源重新归为绿色能源和视作目前解决能源安全的方案之一，多国重启燃煤发电。

1.1.2　我国能源供需形势

2021 年以来我国经历两轮电力供应紧张。首轮电力供应紧张是化石能

源特别是煤炭价格上涨所致，第二轮是极端气候下水力发电大幅下降所致。

2021年下半年，我国能源行业迎来一波涨价潮。动力煤价格一度突破2500元/t。受电煤供应紧张等多重因素影响，9—10月全国电力供需总体偏紧，多地出现有序用电。国家出台系列能源电力保供措施，煤炭价格平稳回落，11月起全国有序用电规模基本清零。

2022年夏季，受副热带高压长时间影响，我国遭遇罕见的长时间、大范围高温天气，多省份用电负荷创历史新高。为缓解用电紧张和保障电网安全，浙江、江苏、安徽、四川等地出台有序用电政策。

在能源保供应方面，2022年以来能源安全上升至与粮食安全同等重要的战略高度，国家发展改革委、国家能源局强调要继续发挥煤炭“压舱石”作用，确保能源安全可靠供应。上半年，全国煤炭产量同比增长11%，煤炭供应保障能力大幅增加。8月份，国家能源局在迎峰度夏保供会议上强调要发挥大电网优势，强化跨省跨区电力互剂；优化细化电力需求侧管理和有序用电方案；提前谋划“十四五”中后期电力保供措施，确保“十四五”末全国及重点地区电力供需平衡；加快发展风电光伏发电项目，推动重大水电项目开工，加快核电项目建设等。

1.1.3 我国能源发展形势

（1）“十四五”规划与“双碳”战略。2021年是“十四五”开局之年，也是碳达峰碳中和战略目标实践的第一年。国家对能源“十四五”发展进行了规划部署，双碳目标是贯穿能源行业全年发展的主旋律，从中央到地方都在围绕双碳目标部署新的工作目标。

2021年3月，全国人大会议审查通过《中华人民共和国国民经济和社会发展第十四个五年规划和2035年远景目标纲要》，其中提及构建现代能源体系。文件提出，加快发展非化石能源，坚持集中式和分布式并举，大力提升风电、光伏发电规模，加快发展东中部分布式能源，有序发展海上风电，加快西南水电基地建设，建设一批多能互补的清洁能源基地，使非化石能源占能源消费总量比重提高到20%左右。提出提升清洁能源消纳和存储能力。

2021年10月，《中共中央 国务院关于完整准确全面贯彻新发展理念做好碳达峰碳中和工作的意见》发布，文件明确了碳达峰碳中和工作重点任务，其中提及要推进经济社会发展全面绿色转型、深度调整产业结构及加快构建清洁低碳安全高效能源体系等。同月，《2030年前碳达峰行动方案》发布，文件聚焦碳达峰目标，对推进碳达峰工作作出总体部署。两份文件被称为碳达峰碳中和“1+N”顶层设计文件。要求到2030年，非化石能源消费比重达到25%。

（2）新能源发展政策基调。2021年12月中央经济工作会议上强调，传统能源逐步退出要建立在新能源安全可靠的替代基础上。这一指示为新能源发展提出了新的更高要求，提供了根本遵循。对于新型电力系统构建，多个文件已转为“构建新能源占比逐渐提高的新型电力系统”这一表述。可以看出，新型电力系统的内涵不断丰富完善。

1.2 发展政策

1.2.1 发展战略

（1）总体情况。2021年以来，能源领域相继出台多个重要政策文件。从整体上看，碳达峰碳中和“1+N”顶层设计文件明确了碳达峰碳中和重点任务，对碳达峰工作做出总体部署。能源“十四五”规划明确了我国“十四五”能源发展目标、任务举措，奠定了“十四五”绿色低碳与能源安全并重的基调。

分类来看，一是强调继续发挥传统能源的供应保障作用。二是加大对新能源发展支持力度。更强调推动煤炭和新能源优化组合，不断完善和明确新能源政策支持，在积极推进可再生能源发展的同时，传统能源的清洁高效利用和保供能力建设将加强。

（2）重点政策文件。国务院、国家发展改革委、国家能源局等密集下发重磅政策文件，新能源发展支持力度持续加大。发展战略方面，碳达峰碳中和“1＋N”顶层设计文件、《“十四五”现代能源体系规划》《“十四五”可再生能源发展规划》印发。高质量发展方面，《关于促进新时代新能源高质量发展实施方案的通知》《关于完善能源绿色低碳转型体制机制和政策措施的意见》印发。2021年以来我国能源战略与规划重点政策见表1-1。

表1-1　2021年以来我国战略与规划重点政策（截至2022年6月）

发布时间	发布部门	政策名称
2021.9	国务院	《关于完整准确全面贯彻新发展理念做好碳达峰碳中和工作的意见》
2021.10	国务院	《2030年前碳达峰行动方案》
2022.1	国家发展改革委、国家能源局	《关于完善能源绿色低碳转型体制机制和政策措施的意见》
2022.3	国家发展改革委、国家能源局	《“十四五”现代能源体系规划》
2022.5	国务院办公厅	《关于促进新时代新能源高质量发展实施方案的通知》
2022.6	国家发展改革委等九部委	《“十四五”可再生能源发展规划》

2021年9—10月，国务院印发《关于完整准确全面贯彻新发展理念做好碳达峰碳中和工作的意见》《关于2030年前碳达峰行动方案的通知》，要求到2030年抽水蓄能电站装机容量达到1.2亿kW左右，风电、太阳能发电总装机达到12亿kW以上。

2022年1月，国家发展改革委、国家能源局印发《关于完善能源绿色低碳转型体制机制和政策措施的意见》。文件提出，推动构建以清洁低碳能源为主体的能源供应体系，加快推进大型风电、光伏发电基地建设，探索建立送受两端协同为新能源电力输送提供调节的机制，支持新能源电力能建尽建、能并尽并、能发尽发。我国对大型风光基地建设支持力度明显强化，有望推动风光大基地项目建设进度。

2022 年 3 月，国家发展改革委、国家能源局印发《“十四五”现代能源体系规划》。文件阐明了我国能源发展方针、主要目标和任务举措，要求到 2025 年非化石能源发电量比重达到 39%左右，到 2035 年可再生能源发电成为主体电源。

2022 年 5 月，国家发展改革委、国家能源局发布《关于促进新时代新能源高质量发展的实施方案》。方案聚焦影响新能源大规模高比例发展的堵点、难点，在创新开发利用模式、构建新型电力系统、深化“放管服”改革、保障合理空间需求、完善财政金融政策等方面完善政策措施。文件解读见表 1 - 2。

表 1 - 2《关于促进新时代新能源高质量发展的实施方案的通知》解读

方面	重 点 内 容
创新开发利用模式	加快推进以沙漠、戈壁、荒漠地区为重点的大型风电光伏基地建设。促进新能源开发利用与乡村振兴融合
加快构建新型电力系统	全面提升调节能力和灵活性。着力提高配电网接纳分布式新能源的能力。稳妥推进新能源参与电力市场交易
深化新能源领域“放管服”改革	持续提高项目审批效率。优化新能源项目接网流程。健全新能源相关公共服务体系
支持产业健康发展	推进科技创新与产业升级。保障产业链供应链安全
保障空间需求	完善新能源项目用地管制规则
发挥生态环保效益	助力农村人居环境整治提升
完善财政金融政策	优化财政资金使用。完善金融支持措施

2022 年 6 月，国家发展改革委等九部委联合印发《“十四五”可再生能源发展规划》，从总量、发电、消纳等方面明确了“十四五”期间可再生能源的发展目标。文件提出，2025 年我国非水可再生能源消纳责任权重将由 2021 年的 13.7%升至 2025 年的 18%左右。参考国际能源署关于可变可再生能源（VRE）电力系统的阶段划分标准，“十四五”期间我国电力系统发展将进入第三阶段，这一阶段电力系统的灵活性变得十分重要。文件解读见表 1 - 3。

表 1-3 《“十四五”可再生能源规划》解读

类别	重点内容
新特征	大规模发展、高比例发展、市场化发展、高质量发展
基本原则	集中式与分布式并举、陆上与海上并举、就地消纳与外送消纳并举、单品种开发与多品种互补并举、单一场景与综合场景并举、发电利用与非电利用并举
电力目标	“十四五”期间发电量增量在全社会用电量增量中的占比超过50%，风电和太阳能发电量翻倍。2025年可再生能源电力总量和非水电消纳责任权重分别达到33%和18%左右
优化发展方式，大规模发展	大力推进风电和光伏发电基地化开发，积极推动风电光伏发电分布式开发，统筹推进水风光综合基地一体化开发
健全体制机制，市场化发展	深化“放管服”改革，健全可再生能源电力消纳保障机制，完善市场化发展机制，建立健全绿色能源消费机制

1.2.2 具体政策

（1）总体情况。我国新能源发展、规范方面政策逐步完善。新能源大规模、高比例发展实现新突破、呈现新特点，源网荷储一体化和多能互补意见进一步明确，整县屋顶分布式光伏开发试点启动，多渠道引导市场主体增加可再生能源并网规模，西部北部风电光伏大基地布局方案下发。市场发展方面，《电力并网运行管理规定》和《电力辅助服务管理办法》的修订，为新能源市场化发展扫清障碍。国家发展改革委、国家能源局还发布了与新能源发电项目、配套送出工程建设、管理的相关政策文件。

（2）重点政策文件。国家发展改革委、国家能源局下发系列文件，促进新能源发展，规范项目管理。新能源大规模、高比例发展方面，《关于推进电力源网荷储一体化和多能互补发展的指导意见》对各类一体化项目的建设意见进行明确，《关于报送整县（市、区）屋顶分布式光伏开发试点方案的通知》启动屋顶分布式光伏开发试点工作。新能源市场化发展方面，完成《电力并网运行管理规定》和《电力辅助服务管理办法》修订工作。2021年以来我国新能源发展政策见表1-4。

表1-4　2021年以来我国新能源发展政策（截至2022年6月）

发布时间	政策名称
2021.3	《关于推进电力源网荷储一体化和多能互补发展的指导意见》
2021.6	《关于报送整县（市、区）屋顶分布式光伏开发试点方案的通知》
2021.8	《关于鼓励可再生能源发电企业自建或购买调峰能力增加并网规模的通知》
2021.9	《抽水蓄能中长期发展规划（2021—2035年）》
2021.12	《电力并网运行管理规定》《电力辅助服务管理办法》
2022.2	《以沙漠、戈壁、荒漠地区为重点的大型风电光伏基地规划布局方案》

1）发展和消纳模式创新。2021年3月，国家发展改革委、国家能源局发布《关于推进电力源网荷储一体化和多能互补发展的指导意见》，文件统筹各类电源发展，优先发展新能源，积极实施存量“风光水火储一体化”提升，稳妥推进增量“风光水火（储）一体化”，探索增量“风光储一体化”，严控增量“风光火（储）一体化”，推进多能互补，提升可再生能源消纳水平。

2021年6月，国家能源局下发《关于报送整县（市、区）屋顶分布式光伏开发试点方案的通知》，对屋顶资源丰富，具备安装光伏能力且符合消纳能力的建筑屋顶进行分布式光伏安装试点，共有676个县级行政区入围。

2021年9月，国家能源局发布《抽水蓄能中长期发展规划（2021—2035年）》，到2025年抽水蓄能投产总规模达到6200万kW以上；到2030年达1.2亿kW左右；到2035年，形成满足新能源高比例大规模发展需求的抽水蓄能现代化产业。发展抽水蓄能有助于提升对新能源发电的消纳能力。

2022年2月，国家发展改革委、国家能源局印发《以沙漠、戈壁、荒漠地区为重点的大型风电光伏基地规划布局方案》。方案计划以新疆、内蒙古地区的4个沙漠为重点，规划建设大型风电光伏基地。此轮风电光伏大基地项目更加重视调节能力和外送通道等源网荷要素的协同。

2）市场化发展。2021 年 12 月，国家能源局修订发布《电力并网运行管理规定》和《电力辅助服务管理办法》。前者重点对包括新能源、新型储能、负荷侧并网主体等并网技术指导及管理要求。后者将提供辅助服务主体范围扩大到包括新型储能、自备电厂、传统高载能工业负荷、工商业可中断负荷、电动汽车充电网络、聚合商、虚拟电厂等主体，促进挖掘供需两侧的灵活调节能力。

3）并网管理。2021 年 7 月，国家发展改革委发布《关于做好新能源配套送出工程投资建设有关事项的通知》，要求进一步加快发展非化石能源。

2021 年 10 月，国家能源局发布《关于积极推动新能源发电项目能并尽并、多发满发有关工作的通知》，要求电网企业加快风电、光伏发电项目建设并网，增加清洁电力供应。

1.2.3 上网电价

（1）风光发电。2021 年 6 月，国家发展改革委印发《关于 2021 年新能源上网电价政策有关事项的通知》，要求 2021 年起新备案集中式光伏电站、工商业分布式光伏和新核准陆上风电项目发电，中央财政不再补贴，实行平价上网。2021 年起新核准（备案）海上风电项目上网电价由当地省级价格主管部门制定，具备条件的可通过竞争性配置方式形成。

2022 年 4 月，《关于 2022 年新建风电、光伏发电项目延续平价上网政策的函》明确上述新备案集中式光伏电站、工商业分布式光伏和新核准陆上风电项目发电，上网电价执行当地燃煤发电基准价，新建项目可自愿通过参与市场化交易形成上网电价。

2021 年 6 月，广东出台《促进海上风电有序开发和相关产业可持续发展的实施方案》，成为全国首个明确海上风电补贴政策的省份。文件提出，对省属海上风电 2022—2024 年连续补贴 3 年。2022—2024 年全容量并网项目每千瓦分别补贴 1500、1000、500 元，2025 年起并网项目不再补贴。海上风电产业正值关键成长期，保持一定的补贴，能保证合理的市场容量，维持产业进一步发展。

（2）生物质发电。2021 年 8 月，《2021 年生物质发电项目建设工作方案》提出，将按照“以收定补、央地分担、分类管理、平稳发展”思路，合理安排中央新增生物质发电补贴资金。其中西部地区中央支持比例高于东、中部地区，同一地区农林生物质发电、沼气发电项目中央支持比例高于垃圾焚烧发电项目。

（3）抽水蓄能发电。2021 年 5 月，《关于进一步完善抽水蓄能价格形成机制的意见》提出，将以竞争性方式形成电量电价。发挥现货市场在电量电价形成中的作用。现货市场尚未运行情况下引入竞争机制形成电量电价。合理确定服务多省区的抽水蓄能电站电量电价执行方式。建立适应电力市场建设发展和产业发展需要的调整机制。

第 2 章

可再生能源总体情况

2.1 开发建设

2.1.1 装机容量

（1）新增装机。2021年，南方五省区可再生能源发电新增装机1331万kW，其中新能源发电新增装机895万kW，水电新增装机436万kW。南方五省区可再生能源、新能源发电新增装机如图2-1所示。

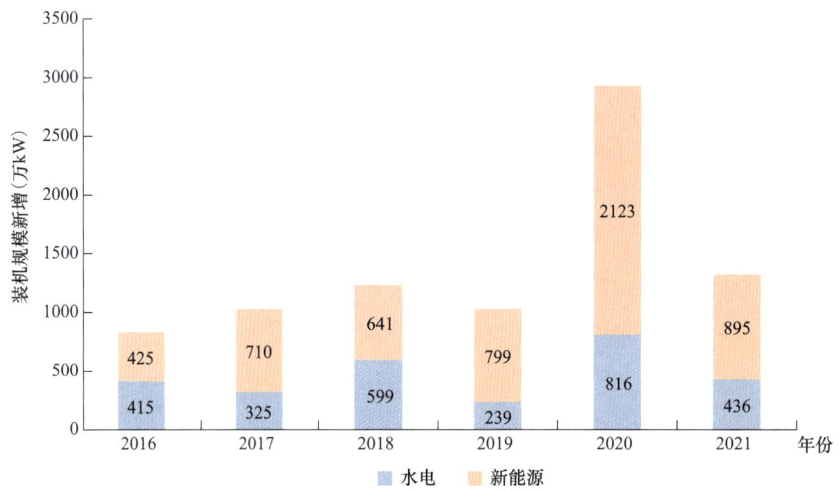

图2-1 南方五省区可再生能源、新能源发电新增装机

（2）累计装机。2021年底，南方五省区可再生能源发电累计装机2.1亿kW，同比增长6.8%，其中新能源发电累计装机7196万kW，同比增长14.2%。可再生能源、新能源发电累计装机如图2-2所示。

南方五省区可再生能源、新能源发电累计装机增速如图2-3所示。

分省看，云南可再生能源发电装机规模最大，为9095万kW，广东和贵州可再生能源发电装机规模相当，在4000万kW以上，广西略高于3000万kW，海南接近400万kW。各省可再生能源发电累计装机如图2-4所示。

图 2-2　南方五省区可再生能源、新能源发电累计装机

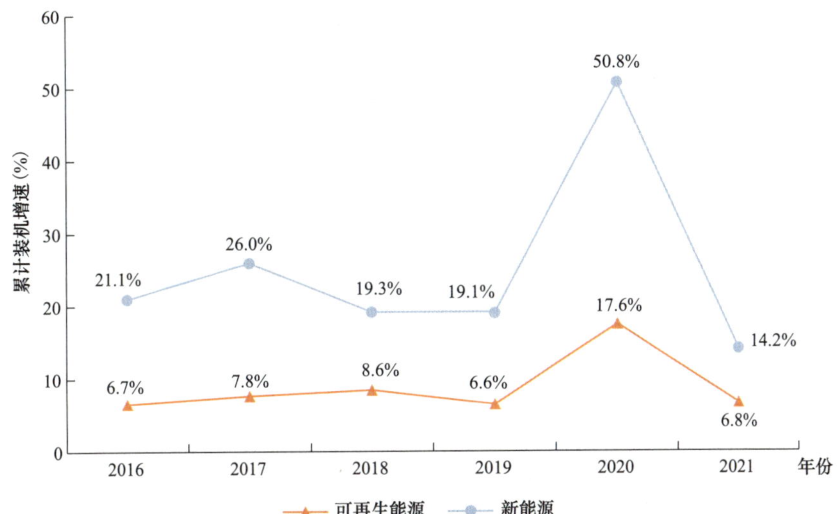

图 2-3　南方五省区可再生能源、新能源发电累计装机增速

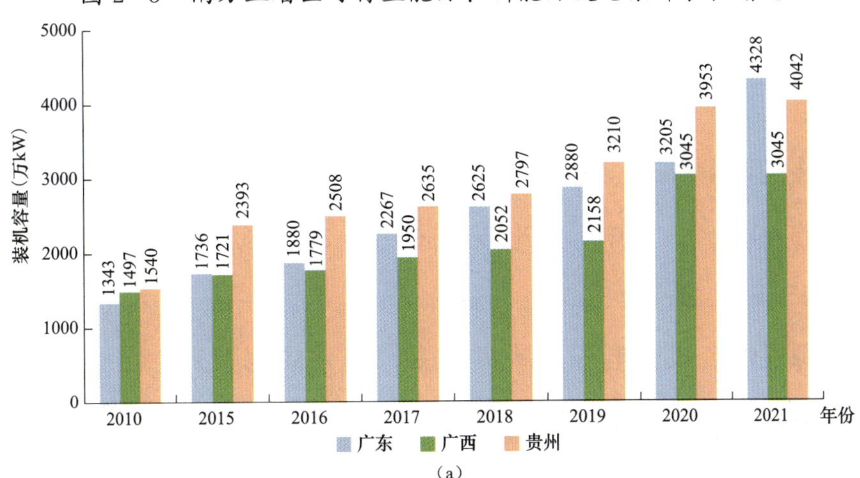

图 2-4　南方五省区各省可再生能源发电累计装机（一）

(a) 广东、广西、贵州

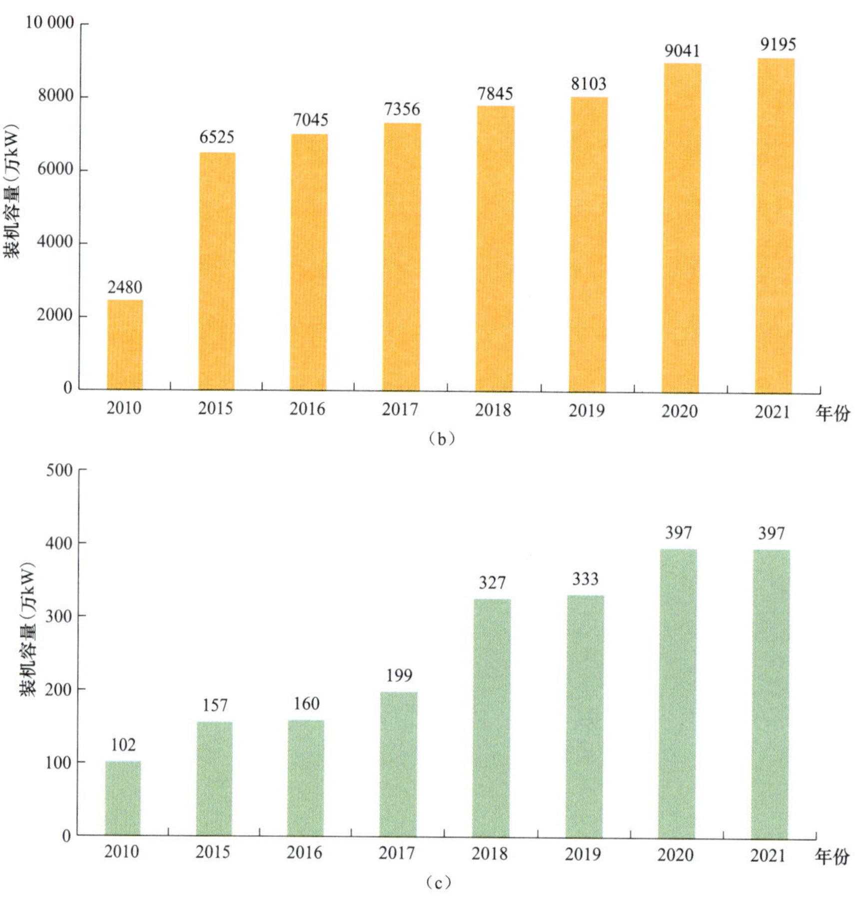

图2-4　南方五省区各省可再生能源发电累计装机（二）

（b）云南；（c）海南

2.1.2　装机容量占比

（1）装机容量占比。2021年底，南方五省区可再生能源发电装机占电源总装机的49.0%。其中，水电发电占比为33.9%，风光、生物质发电占比分别为15.9%、1.9%。

新能源发电装机占电源总装机的17.7%，同比上升1.2个百分点。南方五省区电源装机结构如图2-5所示。

（2）与全国平均水平的对比。可再生能源装机占比高于全国平均水平，但差距略微缩小。2021年底，南方五省区可再生能源占电源总装机的比重，

较全国平均水平高 4.2 个百分点。南方五省区可再生能源装机占比与全国对比如图 2-6 所示。

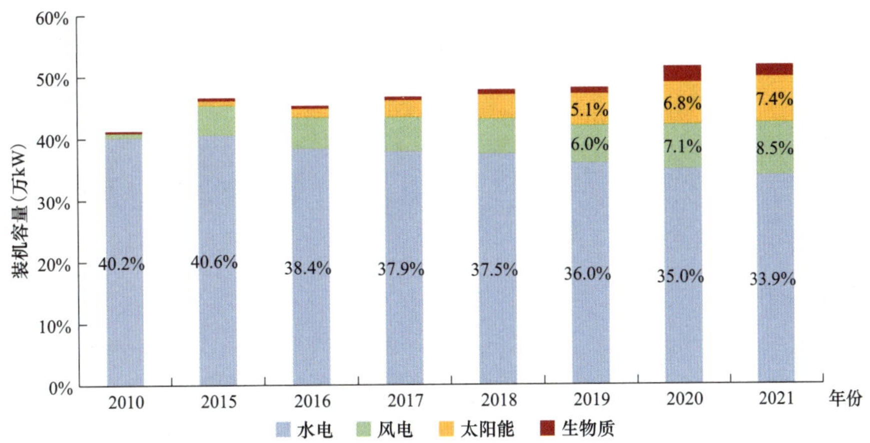

图 2-5 南方五省区能源装机结构

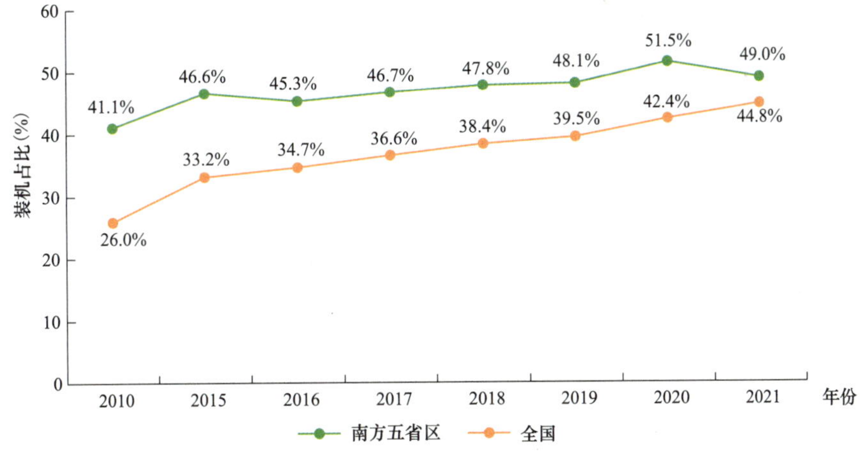

图 2-6 南方五省区可再生能源装机占比与全国对比

2.2 运行消纳

2.2.1 发电量

2021 年，南方五省区可再生能源发电量 5774 亿 kWh，同比下降 2.7%；可再生能源发电量占五省区总发电量的 39.2%，同比下降 4.9 个百分点。

2021 年，南方五省区新能源发电量 1251 亿 kWh，同比增长 3.3%；新能源发电量占五省区总发电量的 8.5%，同比下降 0.5 个百分点。南方五省区新能源发电量及占比分别如图 2-7 和图 2-8 所示。

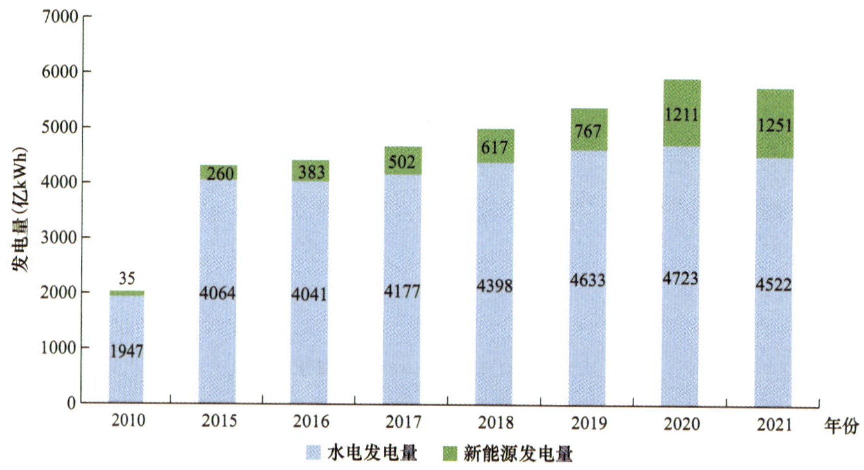

图 2-7　南方五省区可再生能源、新能源发电量

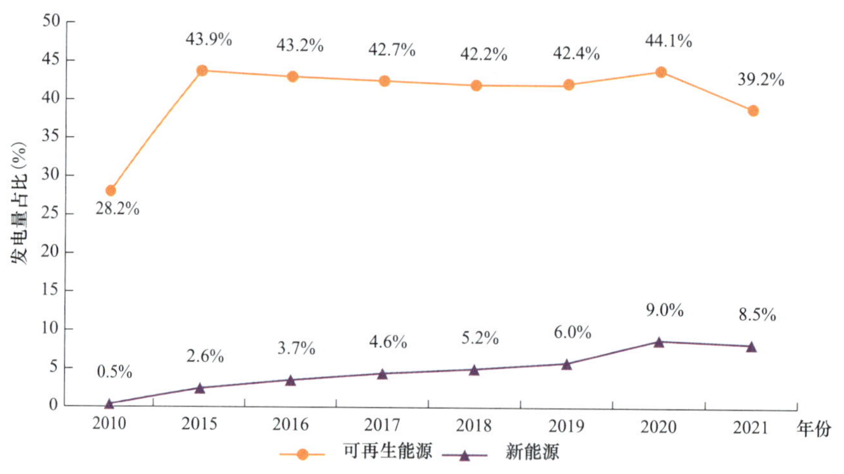

图 2-8　南方五省区可再生能源、新能源发电量占比

2.2.2　弃风弃光电量

2021 年，各省风电、光伏发电利用率均超过 99.8%，同比提升 0.2 个百分点，基本实现全额消纳。云南、贵州局部存在少量弃风弃光，理论弃风电量为 0.97 亿 kWh，同比减少 0.8 亿 kWh；理论弃光电量 0.43 亿 kWh，

同比减少 0.1 亿 kWh。

2.2.3　消纳权重

根据国家能源局《关于 2021 年可再生能源电力消纳责任权重完成情况的通报》（国能发新能〔2022〕47 号），南方五省区各省区均完成了国家能源局要求的最低可再生能源电力消纳责任权重。新能源消纳方面，各省区均完成了最低新能源电力消纳责任权重，广东、广西、贵州和海南超过了新能源电力消纳责任权重激励值。

南方五省区可再生能源和新能源电力消纳责任权重如图 2-9 和图 2-10 所示。

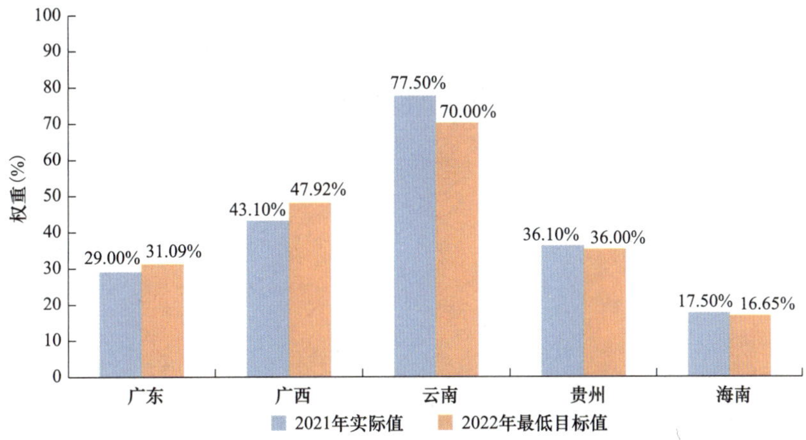

图 2-9　南方五省区可再生能源消纳责任权重

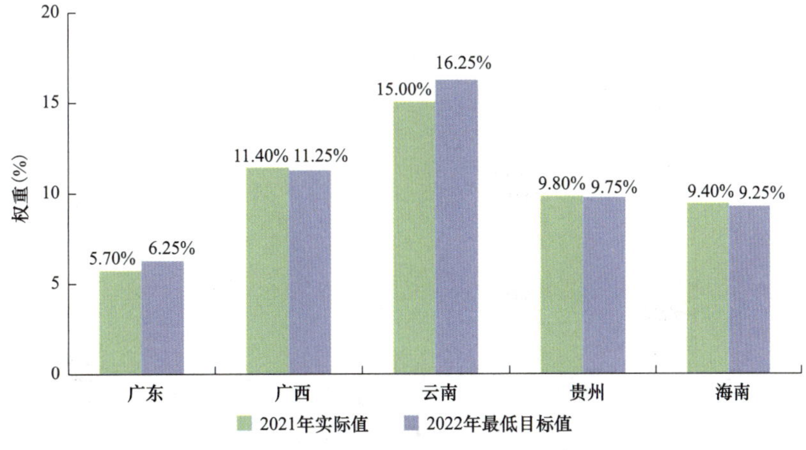

图 2-10　南方五省区新能源消纳责任权重

数据来源：国家发展改革委　国家能源局《关于 2021 年可再生能源电力消纳责任权重及有关事项的通知》

2.3 发展展望

综合考虑各省（区）能源“十四五”规划文件及近期的调整计划，南方五省区“十四五”可再生能源装机新增2.3亿kW。其中，水电新增1634万kW，风电新增5263万kW，光伏发电新增14 964万kW，生物质发电新增391万kW。

分省看，广东可再生能源装机新增6140万kW，广西新增4568万kW，云南新增8567万kW，贵州新增3161万kW，海南新增816万kW。南方五省区“十四五”可再生能源规划新增装机如表2-1和图2-11所示。

表2-1 南方五省区“十四五”可再生能源规划新增装机 单位：万kW

省份	水电	陆上风电	海上风电	光伏	生物质	合计
广东	240	300	1700	3700	200	6140
广西	110	1623	300	2435	100	4568
云南	1246	893	0	6428	0	8567
贵州	28	1147	0	1901	85	3161
海南	10	0	300	500	6	816
南方五省区	1634	3963	2300	14 964	391	23 252

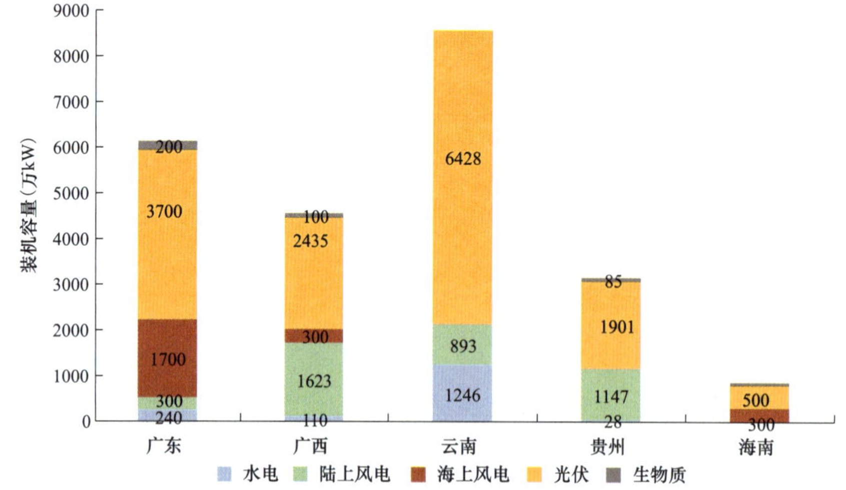

图2-11 南方五省区“十四五”可再生能源规划新增装机

第3章

水　电

创新引领　智力共享

3.1 开发建设

3.1.1 装机容量

2021年底，南方五省区水电（含抽蓄）总装机容量13 759万kW，水电装机稳步增长，比2020年增加435万kW，同比增长3.3%，增速下降4.1个百分点，占全国水电总装机容量的35.2%，占全国比重小幅下降，较2020年下降0.8个百分点。南方五省区水电（含抽蓄）装机及增速情况分别如表3-1和图3-1所示。

表3-1　　南方五省区水电（含抽蓄）装机　　单位：万kW

项目名称	2010年	2015年	2016年	2017年	2018年	2019年	2020年	2021年
1. 五省区水电总装机	**6805**	**10 929**	**11 344**	**11 669**	**12 268**	**12 507**	**13 323**	**13 759**
（1）广东	1260	1355	1411	1486	1576	1576	1576	1736
（2）广西	1494	1645	1665	1669	1677	1681	1756	1767
（3）云南	2435	5782	6088	6281	6649	6873	7556	7820
（4）贵州	1540	2056	2089	2119	2212	2223	2281	2283
（5）海南	75	92	91	114	154	154	154	153
2. 占全国比重	**31.9%**	**34.2%**	**34.2%**	**34.2%**	**34.8%**	**35.1%**	**36.0%**	**35.2%**
（1）广东	5.9%	4.2%	4.2%	4.4%	4.5%	4.4%	4.3%	4.4%
（2）广西	7.0%	5.2%	5.0%	4.9%	4.8%	4.7%	4.7%	4.5%
（3）云南	11.4%	18.1%	18.3%	18.4%	18.9%	19.3%	20.4%	20.0%
（4）贵州	7.2%	6.4%	6.3%	6.2%	6.3%	6.2%	6.2%	5.8%
（5）海南	0.4%	0.3%	0.3%	0.3%	0.4%	0.4%	0.4%	0.4%

截至2021年底，广东、广西、云南、贵州、海南水电装机容量分别为1736万kW、1767万kW、7820万kW、2283万kW、153万kW。

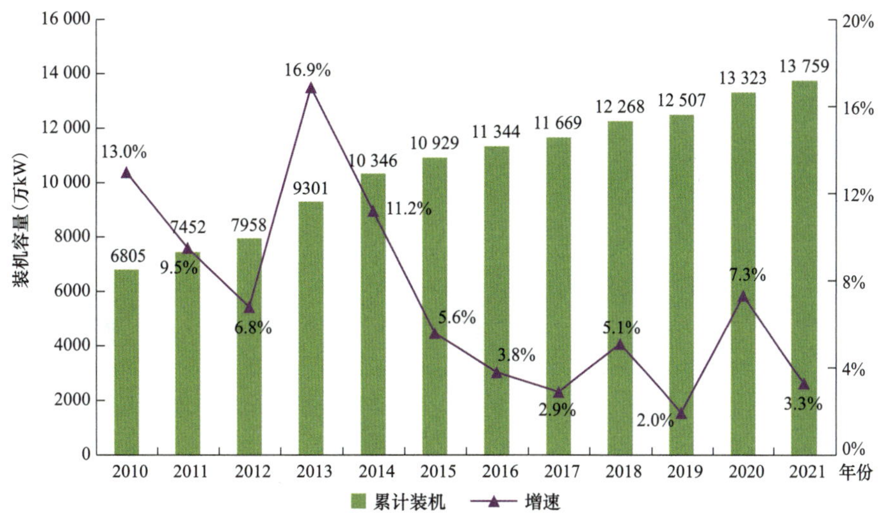

图3-1 南方五省区水电（含抽蓄）装机及增速

3.1.2 开发规模

南方五省区常规水电开发主要集中在云南、贵州、广西境内的干流，水电开发规模不断迈上新台阶。其中，广东、海南常规水电容量已达到技术可开发量的峰值；广西、贵州水电经过前期的大规模建设，逐步进入深度开发阶段。除怒江未开发外，澜沧江、金沙江、乌江、红水河等干流梯级水电站均实现了大规模开发，目前乌江已开发完毕，澜沧江、金沙江、红水河干流水电站开发程度均超过80%。随着水电开发的不断推进和开发规模的扩大，剩余水电开发条件相对较差，敏感因素相对较多，面临的生态环境保护压力加大。五省区常规水电开发情况如表3-2和图3-2所示。

表3-2　预计截至2022年南方五省区大型流域电站开发情况　单位：万kW

流域	规划开发容量（含界河电站）	已投运电站容量	开发比例
金沙江	7319	6157	84.1%
澜沧江	2575	2123	82.4%
怒江	1867	0	0.0%
红水河	1445	1205	83.4%
乌江	876	876	100%
合计	14 082	10 361	73.6%

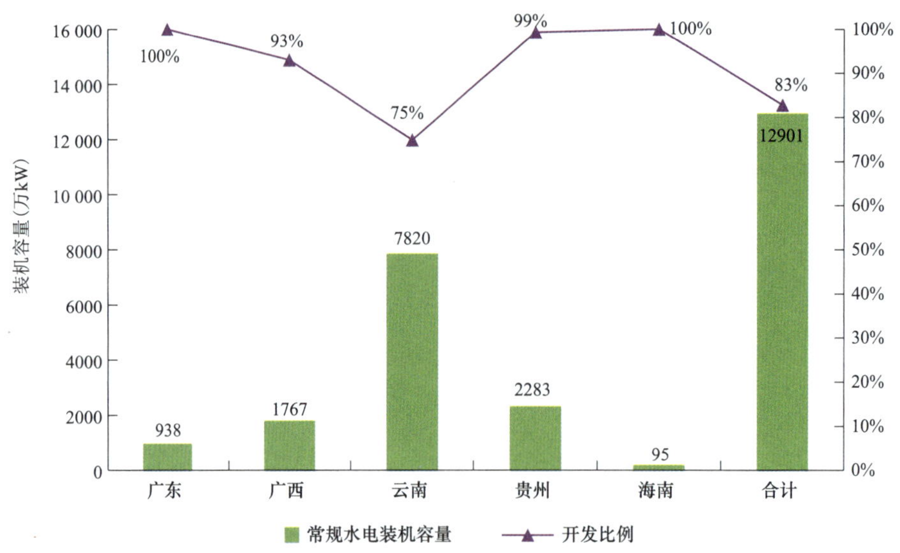

图 3-2　2021 年底南方五省区常规水电装机容量和开发比例

3.1.3　装机占比

截至 2021 年底，南方五省区常规水电装机占总装机的 31.8%，同比下降 1.1 个百分点，仍高于全国常规水电装机占总装机比值（14.9%）。其中，云南水电装机占比最高达 73.6%，广西、贵州装机占比分别为 32.1%、30.1%，云南、广西、贵州水电装机占比均超过全国平均水平；广东、海南常规水电装机占比分别为 5.9%、8.8%，低于全国平均水平。南方五省区常规水电装机占比如图 3-3 所示。

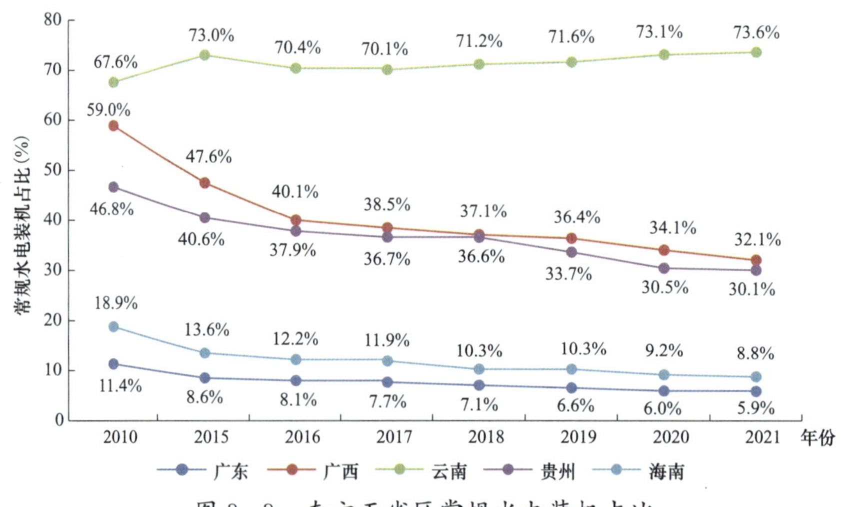

图 3-3　南方五省区常规水电装机占比

3.2 运行消纳

3.2.1 发电量

2021年，南方五省区水电发电量达4522亿kWh，受来水偏枯影响同比减少201亿kWh，水电发电量占南方五省区总发电量比重为30.7%，同比下降4.7个百分点，水电发电比重均略有下降。

南方五省区水电发电量占全国水电发电量的33.7%，较去年降低1.1个百分点。南方五省区水电发电量情况如表3-3所示。

表3-3 南方五省区水电发电量情况 单位：亿kWh

项目名称	2010年	2015年	2016年	2017年	2018年	2019年	2020年	2021年
1. 五省区水电总发电量	**1947**	**4064**	**4041**	**4177**	**4398**	**4633**	**4723**	**4522**
(1) 广东	268	284	423	301	292	397	285	224
(2) 广西	475	762	600	614	609	593	614	517
(3) 云南	814	2177	2268	2502	2699	2856	2976	3028
(4) 贵州	369	827	727	733	770	769	831	734
(5) 海南	20	15	23	26	27	17	17	18
2. 占全国比重	**28.4%**	**36.5%**	**34.2%**	**35.0%**	**35.7%**	**35.6%**	**34.9%**	**33.7%**
(1) 广东	3.9%	2.5%	3.6%	2.5%	2.4%	3.0%	2.1%	1.7%
(2) 广西	6.9%	6.8%	5.1%	5.1%	4.9%	4.6%	4.5%	3.9%
(3) 云南	11.9%	19.5%	19.2%	20.9%	21.9%	21.9%	22.0%	22.6%
(4) 贵州	5.4%	7.4%	6.2%	6.1%	6.2%	5.9%	6.1%	5.5%
(5) 海南	0.3%	0.1%	0.2%	0.2%	0.2%	0.1%	0.1%	0.1%

2021年，南方五省区水电发电量占总发电量的30.7%，同比下降4.7个百分点，仍大幅超过全国水电发电量占比14.7个百分点。云南、贵州、广西水电发电量占比分别超过全国平均水平64.4个百分点、14.5个百分点、9.8个百分点；广东、海南均低于全国平均水平近10个百分点。南方五省区水电发电量占比与全国平均水平情况如图3-4所示。

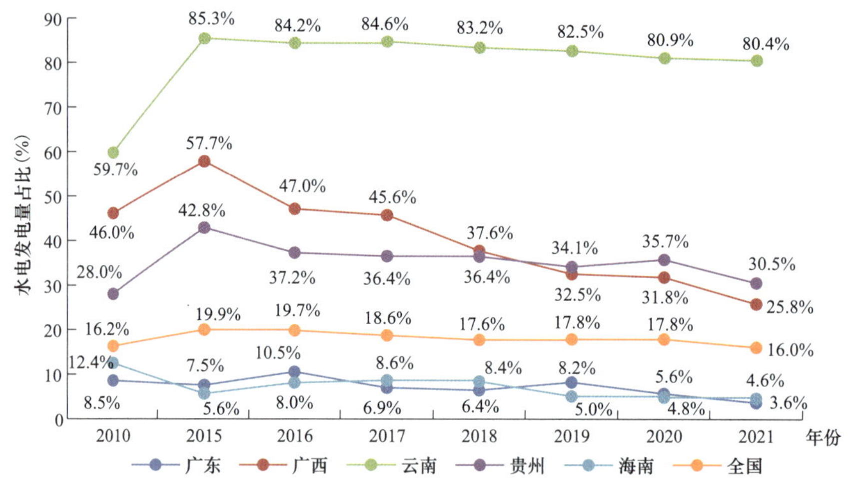

图3-4　南方五省区水电发电量占比与全国平均水平对比情况

3.2.2　发电利用小时数

2021年，南方五省区水电平均利用小时数为3296h，利用小时数整体下降，比2020年减少250h，低于全国平均水平（3622h）。南方五省区水电利用小时数与全国平均水平对比情况如图3-5所示。

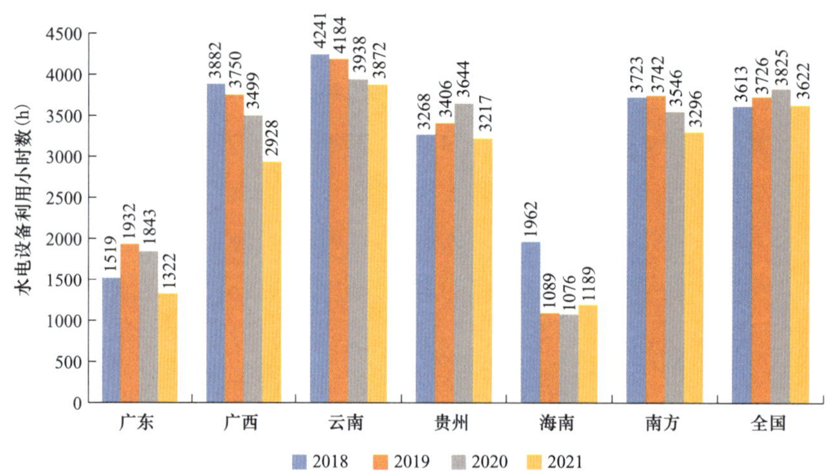

图3-5　南方五省区水电利用小时数与全国平均水平对比情况

3.2.3　西电东送水电

2021年，南方西电东送电量（不含区外送五省区电量）2206亿kWh，比2020年减少98亿kWh，同比减少4.3%；其中水电电量1818亿kWh，比2020年减少121亿kWh，占西电比重84%，与去年占西电比重基本持平。南方区域内西电东送水电电量及占比情况如图3-6所示。

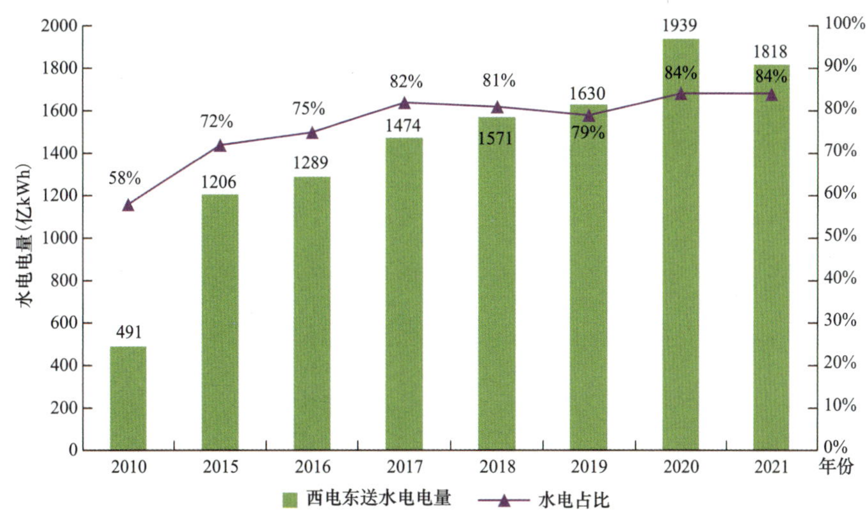

图3-6 南方区域内西电东送水电电量及占比情况

3.2.4 弃水量及利用率

2021年，南方五省区理论弃水电量7.47亿kWh，水能利用率99.8%，同比提高0.3个百分点，近年首次实现主网零弃水，基本解决云南水电消纳困难问题。近8年南方五省区弃水电量及水能利用率如图3-7所示。

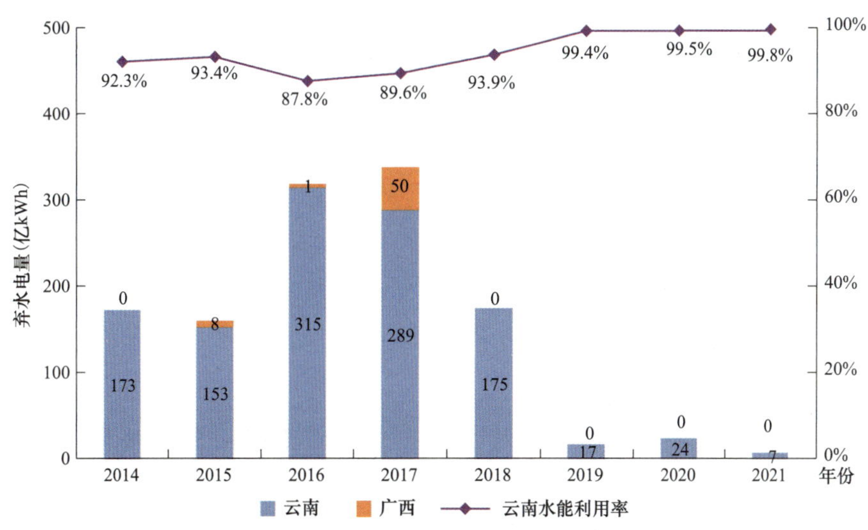

图3-7 近8年南方五省区弃水电量及水能利用率

3.3 工程造价和电价

3.3.1 工程造价

近年来，水电工程单位造价整体呈现逐年上涨趋势。2020 年，常规水电工程和抽水蓄能电站工程的单位造价分别为 10 871 元/kW、4928 元/kW，同比分别上涨 3.5%和 3.1%[1]。水电工程单位造价整体呈现逐年上涨的主要原因是随着水电站工程的不断开发，工程建设环境日趋复杂，工程建设成本不断上涨。其中建设征地移民安置补偿费是影响水电工程造价水平的主要因素，在大型和特大型电站上尤为明显。按不同地区，常规水电工程西北地区单位造价最低、华中地区最高，抽水蓄能电站华中地区最低、华东地区最高；按不同装机规模，常规水电和抽水蓄能电站均体现出装机容量越大，单位造价指标越低的趋势。

2020 年常规水电工程和抽水蓄能电站工程分项费用造价占比和分项费用单位造价如表 3-4 所示。

表 3-4　2020 年常规水电工程和抽水蓄能电站工程分项费用造价占比和分项费用单位造价　单位：%

类　别	常规水电工程	抽水蓄能电站工程
枢纽工程费占比	59.93	68.30
建设征地移民安置补偿费用占比	13.58	3.84
独立费用占比	13.47	18.55
建设期利息占比	13.02	8.31

3.3.2 上网电价

根据国家发展改革委发布的《关于完善水电上网电价形成机制的通知》，

[1] 数据来源：中电联，中国电力行业造价管理年度发展报告（2021）。

对不同情况下的水电上网价格的确定方法进行了明确。

(1) 对于省内上网电价，实行标杆电价制度；

(2) 对于跨省区交易价格，采用市场倒推电价；

(3) 对于流域梯级水电站，推进流域统一电价模式。

根据对南方五省区2019—2021年情况分析，广东、云南水电平均上网电价均有小幅上升，广西、贵州水电平均上网电价近年基本持平，海南水电平均上网电价有所下降。

3.4 发展展望

(1) 开发条件。云南、贵州等区内开发条件好的大型水电已基本开发完毕，南方区域以清洁电力为主的西电东送面临着云南水电增送不足、后续乏力的困难，藏东南大规模清洁水电开发进度难以衔接，澜湄区域短期内不具备大规模回送条件。云南将加快开发建设大江干流大型水电项目，持续打造金沙江、澜沧江两大国家清洁能源基地。受土地、资源和生态环境保护限制，区内清洁能源存在较大不确定性。

(2) 建设趋势。根据各省区“十四五”能源发展规划，预计南方五省区“十四五”新增水电装机1634万kW，其中广东、广西、云南、贵州、海南分别新增240万kW、110万kW、1246万kW、28万kW、10万kW。预计2025年南方五省区水电装机1.5亿kW。南方五省区2021年和2025年水电装机规模预测如图3-8所示。

(3) 藏东南清洁能源基地。藏东南送电粤港澳大湾区输电工程规划依托藏东南地区澜沧江上游、玉曲河、察隅曲、克劳龙河（吉太曲）等流域“水风光一体化”清洁能源基地，新建两回特高压直流送电粤港澳大湾区。藏东南清洁能源基地规划建设中水电、光伏以及风电等清洁能源主要集中在金沙江上游、澜沧江上游、怒江上游、玉曲河、雅鲁藏布江中下游、帕隆藏布及易贡藏布等流域。

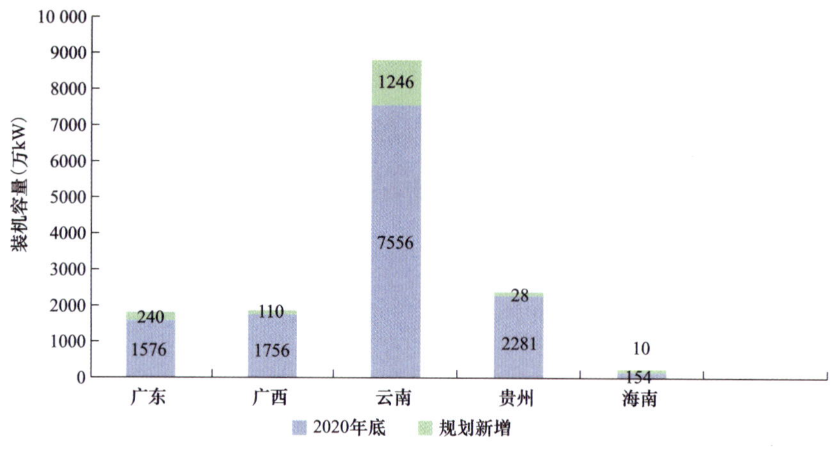

图 3-8　南方五省区 2021 年和 2025 年水电装机规模预测

澜沧江上游梯级水电站水电规划情况：澜沧江上游规划建设 9 级水电站。若考虑古水水电站，则侧格至古水河段 9 座梯级水电站总装机容量 978 万 kW，多年平均年发电量 396 亿 kWh。

金沙江上游梯级水电站水电规划情况：金沙江上游河段水力资源丰富，规划总装机规模 1487 万 kW，是金沙江水电基地的重要组成部分。

怒江上游梯级水电站水电规划情况：怒江上游（西藏段）规划按“两库十二级”的梯级开发方案，装机容量合计为 1463 万 kW。

玉曲河流域梯级水电站水电规划情况：玉曲河是怒江中游左岸一级支流，位于怒江和澜沧江的分水岭上。玉曲河干流规划建设 7 座梯级水电站，总装机容量 241 万 kW。

察隅曲流域梯级电站水电规划情况：察隅曲流域规划开发梯级水电站共 14 个，其中处于我国实控区的梯级有 11 个，总装机容量 334 万 kW，多年平均发电量约 142 亿 kWh。

克劳龙河流域梯级电站水电规划情况：流域规划建设 6 级电站，分别是嘎达、夺龙、吉太、江通、莫拢、巩登，装机规模共 67 万 kW，年均发电量 28 亿 kWh。

雅鲁藏布江流域梯级水电站水电规划情况：雅鲁藏布江上游段保护不开发，中游水电主要为满足西藏内需的电源。雅鲁藏布江干流水力资源主要集

中在下游，其技术可开发量约8050万kW，开发时序初步考虑在2035年及以后。

帕隆藏布、易贡藏布流域梯级水电站水电规划情况：帕隆藏布干流梯级总装机容量为1190万kW，年总发电量为544.67亿kWh。易贡藏布干流梯级总装机容量为618万kW，总保证出力为81.99万kW，年总发电量为248.6亿kWh。帕隆藏布、易贡藏布水电开发时序初步考虑在2035年及以后。

3.5 小节和建议

（1）结论。《“十四五”现代能源体系规划》要求坚持生态优先、统筹考虑、适度开发、确保底线，积极推进水电基地建设，推动金沙江上游、雅砻江中游、黄河上游等河段水电项目开工建设，实施雅鲁藏布江下游水电开发等重大工程。在因地制宜开发的前提下，水电基地建设推进力度将逐渐加大。南方五省区“十四五”预计增水电装机1634万kW，区内开发条件好的大型水电已基本开发完毕，同时考虑到土地、资源和生态环境保护限制，区内水电存在较大不确定性。结合南方五省区电力发展趋势，积极引入区外清洁电力或加大区内怒江等流域水电开发，保障南方五省区电力供需基本平衡。

（2）建议。深入推进水电绿色开发。积极推进水电基地建设，推动澜沧江古水、托巴电站和金沙江旭龙、奔子栏、龙盘、两家人等电站开发建设，推动龙滩等具备条件存量水电扩机，推动水电基地与风电、光伏发电协同互补发展，充分挖掘水电调节能力。

积极推进水风光清洁能源一体化规划。清洁能源基地涉及水电、抽水蓄能、光伏、风电等，基地内电源品种多、站点数量多、资源量大，在水风光蓄多能互补资源配置等方面具有发展优势。以水风光为主的流域可再生能源一体化综合开发是新时期可再生能源创新发展和高质量发展的重要途径。

统筹协调能源资源跨省区优化配置。避免云南水电增送不足、后续乏力带来的南方区域西电东送困难，统筹规划藏东南、雅鲁藏布江等清洁能源基地开发，并送电至南方电网经营区域，接续西电东送或直送负荷中心，实现清洁能源资源跨省区的最大优化配置。

加快推进抽水蓄能电站建设。抽水蓄能电站是建设新型电力系统的重要支撑。大力发展抽水蓄能，加快南宁、惠州中洞、肇庆浪江、茂名电白、桂林灌阳等抽水蓄能电站建设，探索利用梯级水库电站建设混合式抽水蓄能，因地制宜试点建设中型抽水蓄能。

第 4 章

风电

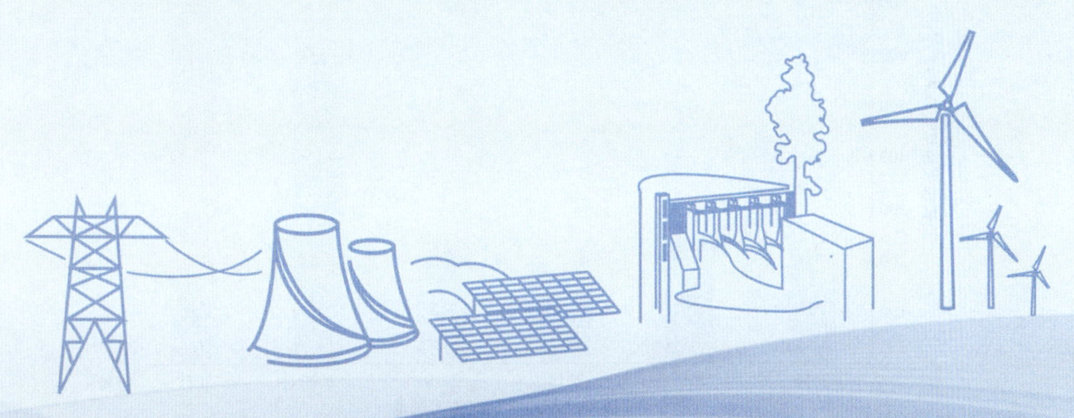

创新引领　智力共享

4.1 开发建设

4.1.1 新增装机容量

（1）新增装机。2021 年，南方五省区风电新增装机 718 万 kW，比上年新增装机规模多 83 万 kW，其中陆上风电新增 169 万 kW，海上风电新增 549 万 kW。海上风电新增装机占风电新增装机容量的 76.5%。南方五省区风电新增装机容量如图 4-1 所示。

图 4-1 南方五省区风电新增装机容量

（2）海上风电新增装机。2021 年是海上风电享受中央财政补贴的最后一年，海上风电装机高速增长。截至 2021 年底，广东 21 个海上风电项目实现全容量并网，装机容量约 650 万 kW。其中，2021 年新增容量 549 万 kW，超出 2021 年底并网容量 400 万 kW 的目标，约占国内新增海上风电装机总容量的 1/3。

4.1.2 累计装机容量

（1）累计装机。2021 年底，南方五省区风电累计装机 3426 万 kW，同比增长 26.5%，增速比上年降低 3.8 个百分点。陆上风电仍然是风电的主力，装机为 2776 万 kW，占风电装机的 81.0%。海上风电发展迅速，装机达到 650 万 kW，占风电装机的比例由 2020 年的 3.7%提升至 2021 年的 19.0%。南方五省区风电装机容量及增速如图 4 - 2 所示。

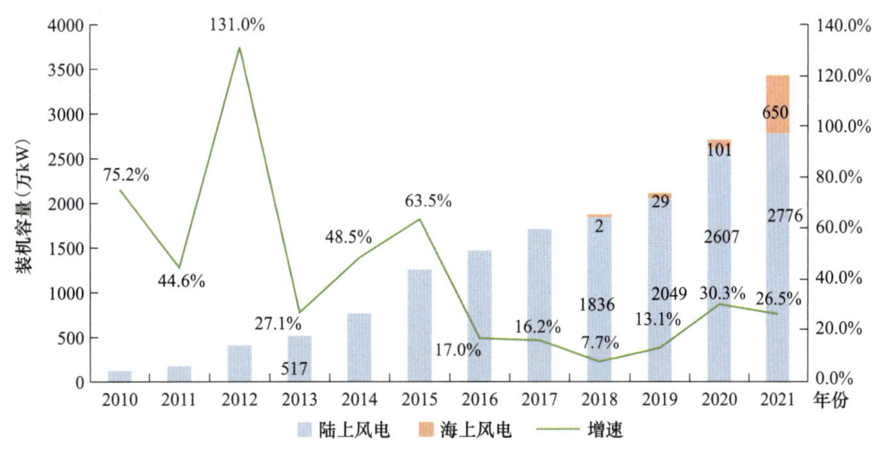

图 4 - 2 南方五省区风电装机容量及增速

(2) 风电装机占比。风电装机容量在电源总装机中占比呈逐年增长的趋势，2021 年占比为 8.5%，同比提升 1.4 个百分点。五省区风电装机容量占全国风电装机的 10.4%，比上年增加 0.8 个百分点。风电装机容量在五省区电源总装机容量中占比如图 4 - 3 所示。

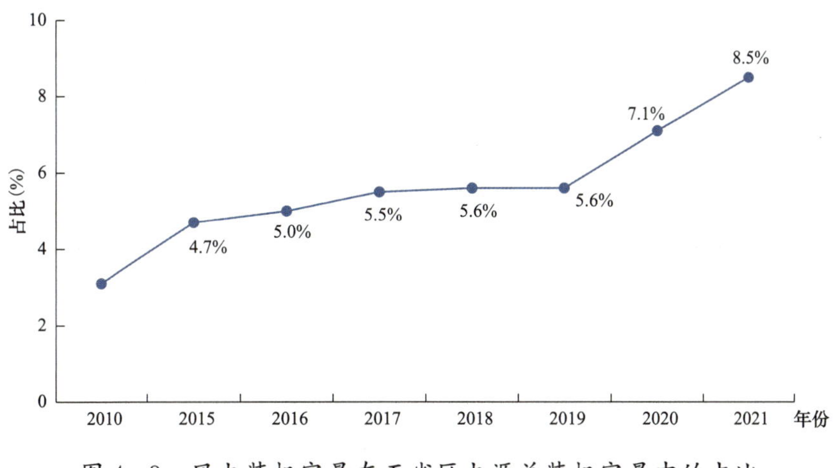

图 4 - 3 风电装机容量在五省区电源总装机容量中的占比

（3）各省装机。2021年，广东风电建设取得突破，年底风电装机1195万kW，跃居五省区首位。广东风电装机占五省区风电装机的34.9%，同比上升14个百分点，主要原因是全年海上风电新增并网容量较多。广西风电装机741万kW，云南881万kW，贵州580万kW，海南规模较小。广西风电装机在五省区风电装机的比重为21.6%、云南25.7%、贵州16.9%，海南仅占0.8%。南方五省区风电装机情况见表4-1。

表4-1　　南方五省区风电装机情况　　单位：万kW

项目名称	2010年	2015年	2016年	2017年	2018年	2019年	2020年	2021年
1. 五省区小计	**121**	**1255**	**1468**	**1707**	**1838**	**2078**	**2708**	**3426**
（1）广东	62	246	268	335	357	443	565	1195
其中：海风	0	0	0	0	2	29	101	650
（2）广西	0	40	70	150	208	287	653	741
（3）云南	34	614	737	825	857	863	881	881
（4）贵州	0	323	362	363	386	457	580	580
（5）海南	25	31	31	34	29	29	29	29
2. 占全国比重	**3.9%**	**9.8%**	**9.9%**	**10.4%**	**10.0%**	**9.9%**	**9.6%**	**10.4%**

4.1.3　累计装机占比

从整体上看，2021年底南方五省区风电装机占电源总装机的8.5%，同比提高1.4个百分点。分省来看，广东和广西风电装机占本省电源装机的比重提升。2021年，广东风电装机占比为7.6%，与其他省份的差距大幅缩小，广西风电装机占比13.5%，接近全国平均水平。云南、贵州风电装机占比均小幅下降，海南风电装机占比处于较低水平。南方五省区风电装机占比情况如图4-4所示。

4.1.4　海上风电建设

目前五省区海上风电主要集中在广东。

（1）广东海上风电规模。广东拥有发展海上风电的天然优势。广东大陆

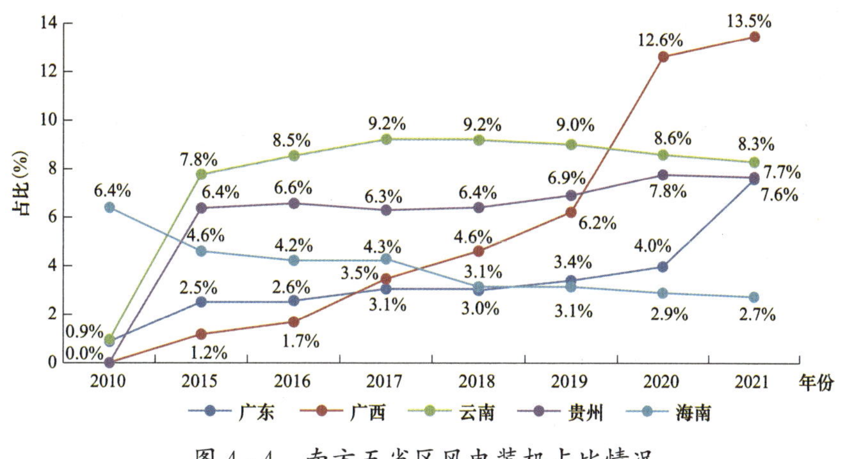

图 4-4 南方五省区风电装机占比情况

海岸线长位列全国第一，海域面积大，沿海风能资源达到 3～6 级，年平均风功率密度为 300～600 瓦每平方米，是全国海上风能资源最丰富的三大地区之一。

广东海上风电等电源主要布局在粤西、粤东沿海地区，并将推动项目集中连片开发利用，打造粤东、粤西千万千瓦级海上风电基地。“十四五”期间，广东投产的 27 个海上风电项目装机总容量约 1700 万 kW。

粤西地区：截至 2021 年底，粤西地区核准的 1150 万 kW 海上风电场中，已有 470 万 kW 项目投产发电，另有 680 万 kW 项目规划建设。其中，阳江已成为广东省海上风电产业发展“主战场”，已投产 350 万 kW，规划建设规模 650 万 kW。湛江已投产 120 万 kW，规划建设规模 30 万 kW。预计到 2025 年上述项目将实现全容量并网。

粤东地区：截至 2021 年底，粤东地区核准的 531 万 kW 海上风电场中，已有 106 万 kW 项目投产发电，另有 425 万 kW 项目规划建设。其中，汕头已投产 24.5 万 kW，规划建设规模 215 万 kW；汕尾已投产 50 万 kW，规划建设规模 150 万 kW；揭阳已投产 31.55 万 kW，规划建设项目规模为 60 万 kW。

珠三角地区：截至 2021 年底，珠三角地区核准的 134 万 kW 海上风电场中，已有 74 万 kW 项目投产发电，另有 60 万 kW 项目规划建设。其中，珠海已投产 49.1 万 kW；惠州已投产 25 万 kW，规划建设项目规模为 60 万 kW。

（2）经济性送出。如何有效降低成本，是广东海上风电产业规模化发展必须解决的首要问题。

从电源侧看，目前广东海上风电典型造价约为 1.76 万元/kW。全生命周期动态运营成本约等于初始投资。从电网侧看，海上送出工程由电网企业投资的情况下，海上风电上网成本比传统电力多 0.1 元/kWh。国补退出后，要逐步实现平价上网，如何有效降低成本将更加紧迫。目前，南方电网公司已研究形成多种高可靠、低成本集中送出技术，既有直流送出方案，也有交流汇集方案，不断提高海上风电经济性。

（3）项目案例。珠三角某 A 项目规划装机为 450MW，配套建设 1 座 220kV 海上升压站和陆上集控中心。机组发出的电能通过 66kV 海底电缆接入升压站，升压后与附近的 B 项目一起输送到集控中心，再从集控中心新建 1 回 220kV 线路至某广东电网 220kV 变电站。广东海上风电项目建设示意图如图 4-5 所示。

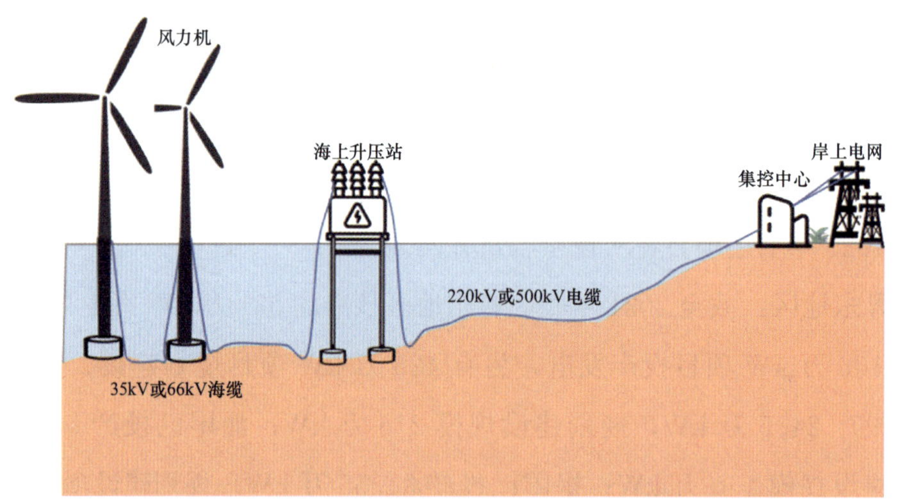

图 4-5　广东海上风电项目建设示意图

粤西若干海上风电项目汇集后接入 500kV 开关站，与煤电以风火打捆

形式送出；或接入核电升压站，与核电共用现有线路送至电网消纳。

4.2 运行消纳

4.2.1 发电量

（1）风电发电量。2021 年，南方五省区风电发电量 639 亿 kWh，新增发电量 77 亿 kWh，同比增长 13.7%，发电量占全国风电总发电量的 9.75%，同比降低 2.3 个百分点。其中，陆上风电发电量 630 亿 kWh，海上风电 39 亿 kWh。南方五省区风电发电量情况见表 4-2。

表 4-2 南方五省区风电发电量情况 单位：亿 kWh

项目名称	2010 年	2015 年	2016 年	2017 年	2018 年	2019 年	2020 年	2021 年
1. 五省区小计	**17**	**180**	**272**	**344**	**397**	**460**	**562**	**637**
（1）广东	10	42	50	62	64	74	103	137
其中：海风	—	—	—	—	—	—	—	39
（2）广西	0	6	13	25	40	61	106	161
（3）云南	4	94	149	188	219	242	250	231
（4）贵州	0	33	55	63	68	78	97	105
（5）海南	2	6	6	6	5	5	6	5
2. 占全国比重	**3.3%**	**9.7%**	**11.3%**	**11.2%**	**10.8%**	**11.3%**	**12.0%**	**9.7%**

（2）风电发电量占比。2021 年，南方五省区风电发电量占全部电源总发电量的 4.3%。其中，广西风电发电量 161 亿 kWh，占比 8.0%，超过全国平均水平 0.2 个百分点。2021 年广西风力发电量占比提升较快，同比增长 2.5 个百分点。南方五省区风电发电量占比情况如图 4-6 所示。

4.2.2 弃风量和弃风率

2021 年，南方五省区理论弃风电量 0.97 亿 kWh，同比下降 45.2%，

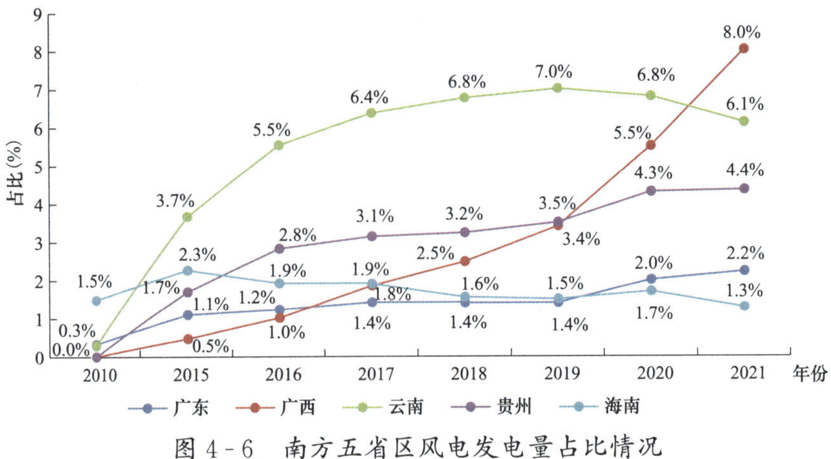

图 4-6　南方五省区风电发电量占比情况

理论弃风率 0.15%，同比降低 0.16 个百分点，弃风电量和弃风率双降，基本实现全额消纳。

弃风主要集中在云南和贵州。云南理论弃风电量 0.45 亿 kWh；贵州理论弃风电量 0.52 亿 kWh。弃风主要是风电集中大发时段局部电力送出通道受限。

2021 年风电消纳与上年相比，有较大程度的改善。南方五省区理论弃风情况见表 4-3。

表 4-3　　南方五省区理论弃风情况　　单位：kWh

省区	2019 年		2020 年		2021 年	
	弃风量	弃风率	弃风量	弃风率	弃风量	弃风率
广东	0	0	0	0	0	0
广西	0	0	0	0	0	0
云南	0.6	0.25%	1.5	0.60%	0.45	0.19%
贵州	0.32	0.41%	0.27	0.28%	0.52	0.50%
海南	0	0	0	0	0	0
合计	0.92	0.2%	1.77	0.31%	0.97	0.15%

4.2.3　发电利用小时数

2021 年，南方五省区风电平均利用小时数 2008h，较上年低 467h，同比减少18.8%。各省风电利用小时数均有不同程度降低。南方五省区风电利用小时数情况如图4-7所示。

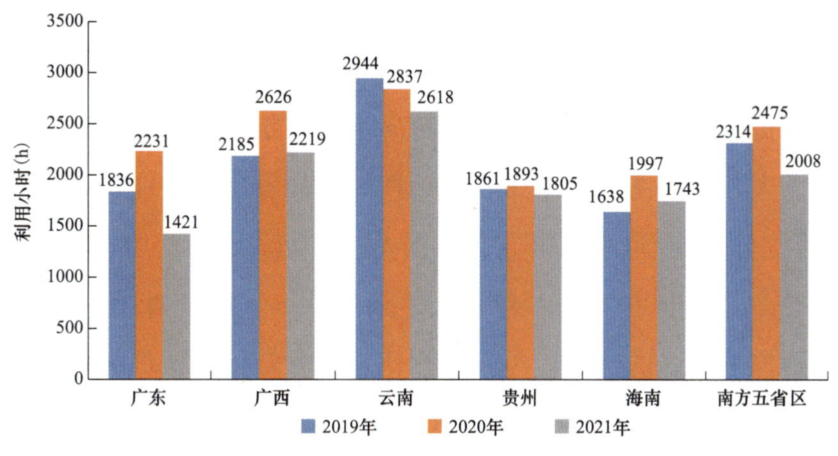

图4-7 南方五省区风电利用小时数情况

4.3 技术发展

4.3.1 单机容量

（1）陆上风电机组容量。国内陆上风机容量进入20世纪70年代。风机大型化是当前陆上风电的主流技术发展路线，发电量提升的同时有效降低了度电成本。2021年，明阳智能发布了全球单机容量最大陆上机组——MySE7.XMW，叶轮直径超过190m。2022年6月，哈电集团哈电风能有限公司顺利完成国内首台HE187-7.XMW风力发电机组的吊装及并网前调试工作，该机型可以扩容至8MW，为国内最大单机容量陆上风力发电机组。下一阶段陆上风机单机容量最大可达到10MW。

（2）海上风电机组容量。海上风电机组容量向10MW级以上发展。全球多家风电整机制造商均推出10MW以上容量机组。2021年海上风电已出现16MW容量机组。中国海装推出的H256-16MW半直驱海上风机，是国内最大的海上风机单机容量，叶轮直径高达256m，是最大规模风电机组。

明阳智能也发布了全球最大自主研发的漂浮式机组——MySE11 - 16MW 系列机型。大容量化正成为海上风电机组的主流趋势。

4.3.2 机组技术

（1）风机技术。风机技术路线将转向半直驱技术。直驱、双馈与半直驱曾是风电三大并行的主流技术路线，近期国内多家主流企业相继表示，在风机技术路线上全面转向半直驱方向。据 Wood Mac 预测，到 2029 年半直驱机组在全球海陆风电市场的占有率将达到 30%～40%。半直驱结合了双馈和直驱两种技术路线的优点。与双馈相比，齿轮箱传动比低从而提高其可靠性和使用寿命。与直驱相比，发电机转速更高，可以更小的重量实现所需功率。

（2）最低风速风机技术。低风速风电技术未来应用场景广阔。我国低风速开发潜力巨大，可利用的低风速资源面积约占全国风能资源区的 68%，且集中在福建、广东、广西、云贵地区，接近电网负荷中心。未来，开发低风速区风场是我国风电发展的重点方向之一。2021 年，国内主流整机厂商已经陆续推出了针对低风速乃至超低风速风区的适用机型，其塔筒高度已普遍超过 140m。三一重能针对平价低风速市场推出了针对 5m/s、6m/s 风速的 GWH191 - 4.0 和 GWH191 - 4.5 两款机型，轮毂高度最高可达 185m。

4.3.3 电场选址

海上风电场选址从近海走向深远海。目前海上风电场多为近海风电场，但近海风力资源不如深远海稳定和丰富。因此，向深远海发展海上风电是新的发展方向。虽然深远海风电场在运输、建设和维护成本方面较高，但得益于其更大的海域和稳定的风力资源，欧洲风电强国均在积极发展深远海项目。我国也在加速开发深远海风电资源。

4.4 工程造价和度电成本

4.4.1 工程造价

（1）陆上风电造价。2020年下半年以来，主要装备风机的价格持续下降。2021年4月，不含运费的风机价格与2020年峰值价格相比下降了1400元左右，降幅比例达到35%。2021年开始，我国陆上风电项目平均造价降至7100元/kW，部分地区已低于6000元/kW，与2019年的7900元/kW相比，有较大幅度的下降。

（2）海上风电造价。海上风机成本一般是陆上风电的两倍。根据水电水利规划设计总院统计，2019年之前海上风电造价在1.4万～1.8万元/kW。

2021年，吊装及运输成本有1000～2000元/kW的上浮，江苏造价在1.5万～1.6万元/kW，广东为1.7万～1.9万元/kW，福建为1.8万～2.0万元/kW。各省距离实现平价所需的降本幅度约为4000～5000元/kW。根据沿海各省的特点，江苏省凭借更优的海床建设条件、广东省凭借更高的上网电价、福建省凭借更高的利用小时数有望率先实现平价。

4.4.2 度电成本

（1）陆上风电度电成本。2021年，我国陆上风电项目平准化度电成本0.19元/（kWh）[❶]，比上年下降0.047元/（kWh），同比降低20.0%。我国陆上风电平均度电成本变化情况如图4-8所示。

（2）海上风电度电成本。2021年，全球海上风电项目平准化度电成本0.51元/（kWh），相比上年下降0.04元/（kWh），同比降低5.5%。全球海上风电平均度电成本变化情况如图4-9所示。

---

❶ 数据来源：IRENA，Renewable Power Generation Costs in 2021。

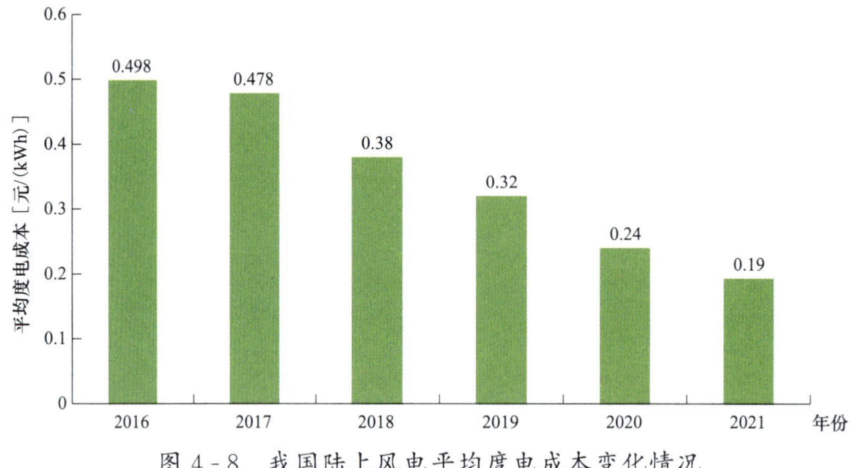

图 4-8　我国陆上风电平均度电成本变化情况

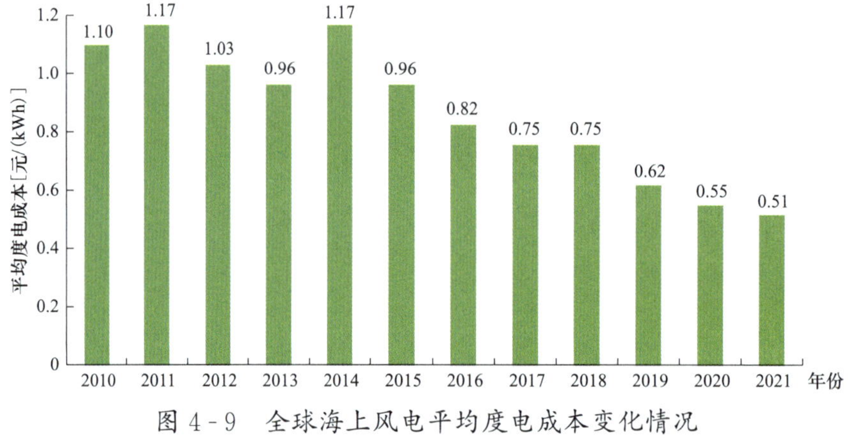

图 4-9　全球海上风电平均度电成本变化情况

4.5　发展展望

(1) 建设趋势。预计未来几年五省区风电建设将继续保持较高强度。主要原因：①海上风电方面，广东已出台海上风电项目地方补贴，近两年海上风电布局明显提速，广西对海上风电建设的支持也日渐明朗，预计后续将出台地方补贴政策扶持产业发展。广东、广西、海南分别规划新增 1700 万、300 万、200 万 kW 海上风电装机；②陆上风电方面，广西和贵州分别规划新增 1500 万 kW、500 万 kW 陆上风电装机，云南新增规模接近 900 万 kW。

“十四五”期间，南方五省区规划新增风电装机 5393 万 kW，预计到

2025年底风电累计装机8101万kW。南方五省区风电建设“十四五”规划见表4-4。

表4-4 南方五省区风电建设“十四五”规划 单位：万kW

省份	2020年底累计规模	风电新增	①陆风新增	②海风新增	2025年底累计规模
广东	565	2000	300	1700	2565
广西	653	1800	1500	300	2453
云南	881	893	893	—	1774
贵州	580	500	500	—	1080
海南	29	200	—	200	229
五省区	2708	5393	3193	2200	8101

南方五省区“十四五”风电发展规模如图4-10所示。

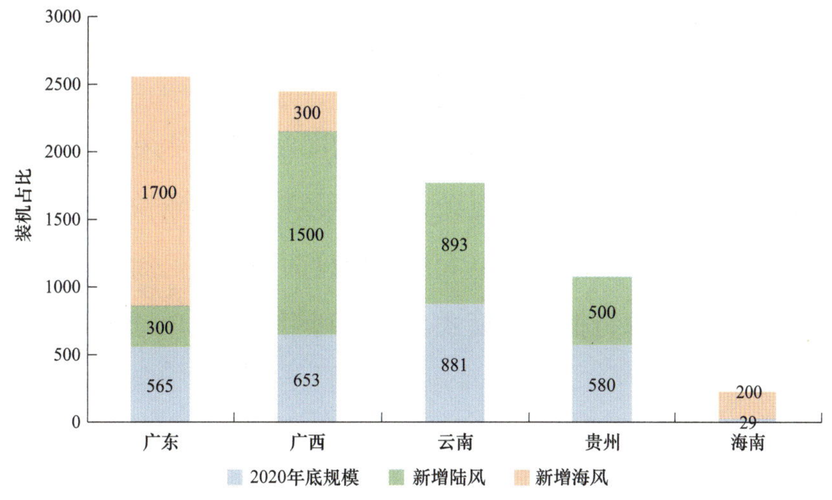

图4-10 南方五省区“十四五”风电发展规模

（2）电量趋势。风电发电量将稳步提升。主要原因：①风电“大装机、小电量”特性明显，风电发电量增速将明显小于装机增长的速度。②历史数据显示，风电机组在投产后的2～4年是发生故障停机的高峰期，因此“十四五”期间是风电将随着并网装机规模的扩大而进入故障停机事件高发期，也会相应拉低风电发电量增长的速度。③随着故障停机现象逐年递减，风电利用小时数将呈现稳步上升的趋势。

4.6 小节和建议

（1）结论。2021 年，是陆上风电平价上网第一年，陆上风电装机增长放缓，新增装机规模回归至 2016－2019 年平均水平。海上风电方面，2021 年是国补最后一年，海上风电加速发展，广东新增海上风电并网容量 550 万 kW，广东风电装机规模在 2021 年底跃居五省区首位。

广东、广西和云南风电建设提速，南方五省区合计新增风电装机 5393 万 kW，预计到 2025 年底五省区风电累计装机 8101 万 kW。

（2）建议。有序推进广东海上风电建设。海上风电是广东可再生能源发展的重点领域，“十四五”期间广东海上风电新增 1700 万 kW，对广东能源结构转型意义重大。建议开展海上风电统一规划，统筹考虑海上风电登陆点、海上输电方案以及陆上输电规划。

推动海上风电优先利用现有输电通道送出。海上风电在送出接入方面存在成本偏高问题，并网送出工程复杂，如何经济高效地解决大规模海上风电并网送出问题，也是目前海上风电大规模建设面临的核心挑战之一。建议推动海上风电与其他电源打捆输送模式，优先利用现有输电通道送出，提高输电通道利用效率。

第 5 章

光伏发电

5.1 开发建设

5.1.1 新增装机容量

2021 年，南方五省区新增光伏装机 423 万 kW，其中，广东、广西分别新增光伏装机 223 万 kW、107kW，合计占比达 78.1%。贵州新增光伏发电装机 80 万 kW，装机总量仍居南方五省区首位。云南、海南光伏装机小幅增长，同比分别增长 2.3%、2.4%。

5.1.2 累计装机容量

（1）累计装机。2021 年底，南方五省区光伏发电装机规模 3012 万 kW，同比增长 16.3%，占全国光伏发电装机的 10.2%，同比提高 1.7 个百分点。南方五省区光伏发电装机情况见表 5-1。

表 5-1　　南方五省区光伏发电装机情况　　单位：万 kW

项目名称	2010 年	2015 年	2016 年	2017 年	2018 年	2019 年	2020 年	2021 年
1. 五省区光伏总装机	**2**	**220**	**416**	**845**	**1291**	**1745**	**2590**	**3012**
（1）广东	0	62	117	332	527	610	797	1020
（2）广西	0	12	16	96	124	135	205	312
（3）云南	2	117	208	238	326	350	388	397
（4）贵州	0	3	46	135	178	510	1057	1137
（5）海南	0	26	29	43	136	140	143	147
2. 占全国比重	**7.7%**	**5.3%**	**5.4%**	**6.5%**	**7.4%**	**8.5%**	**10.2%**	**9.8%**
（1）广东	0.0%	1.5%	1.5%	2.5%	3.0%	3.0%	3.1%	3.3%
（2）广西	0.0%	0.3%	0.2%	0.7%	0.7%	0.7%	0.8%	1.0%
（3）云南	7.7%	2.8%	2.7%	1.8%	1.9%	1.7%	1.5%	1.3%
（4）贵州	0.0%	0.1%	0.6%	1.0%	1.0%	2.5%	4.2%	3.7%
（5）海南	0.0%	0.6%	0.4%	0.3%	0.8%	0.7%	0.6%	0.5%

（2）集中式光伏装机。2021年底，南方五省区集中式光伏装机2431万kW，同比增长12.2%，占光伏总装机的80.7%。其中，贵州集中式光伏装机1054万kW，同比增长106.8%，占南方五省区集中式光伏装机容量的46.0%。

（3）分布式光伏装机。2021年底，南方五省区分布式光伏装机581万kW，同比增长37.8%，增速高于集中式光伏25.6个百分点。其中，广东分布式光伏新增126万kW，超过集中式光伏；2021年，广西分布式光伏规模为46万kW、云南30万kW、贵州19万kW、海南11万kW。南方五省区分布式光伏和集中式光伏装机规模如图5-1所示。

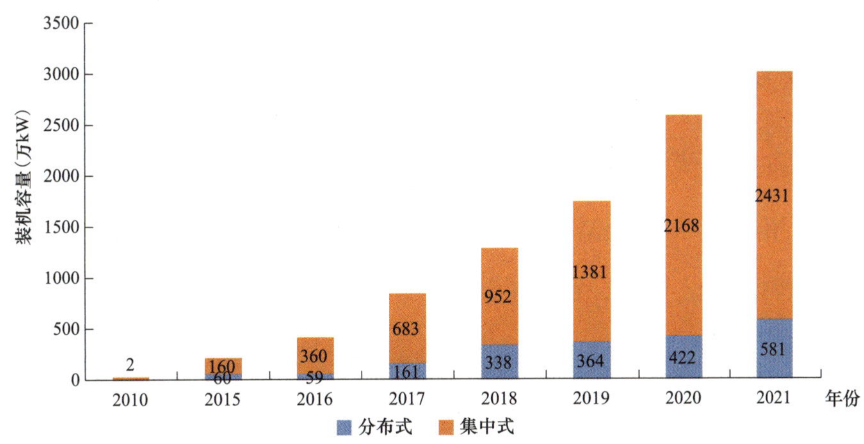

图5-1 南方五省区分布式光伏和集中式光伏装机规模

5.1.3 累计装机占比

2021年，广东光伏发电装机占本省电源总装机的6.5%，同比上升0.9个百分点；广西光伏发电装机占比5.7%，同比上升1.7个百分点；云南光伏发电装机占比3.7%，同比下降0.1个百分点；贵州光伏发电装机占比15.0%，同比上升0.9个百分点；海南光伏发电装机占比13.9%，同比下降0.5个百分点。

五省区中贵州和海南光伏装机占比高于全国平均水平（12.9%）。南方五省区光伏装机占比与全国平均水平对比情况如图 5-2 所示。

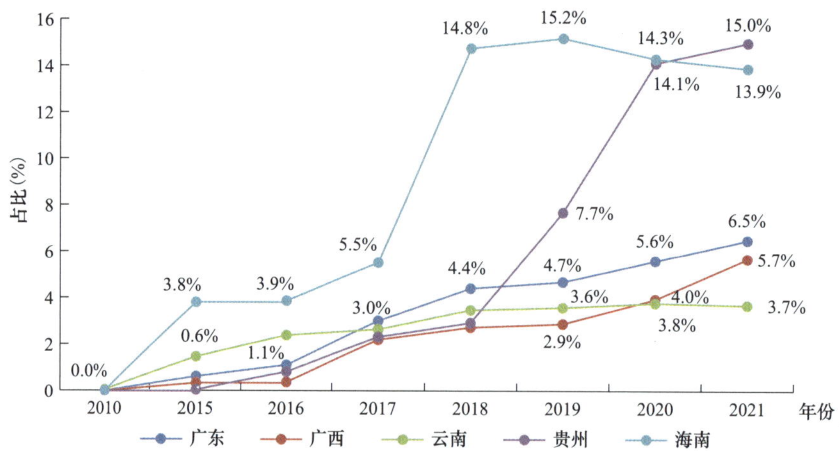

图 5-2　南方五省区光伏装机占比与全国平均水平对比情况

5.1.4　光伏发展

（1）分布式光伏。在整县光伏推进方面，南方区域已批复 105 个试点，合计规模将超过 2900 万 kW。其中，广东申报试点共 32 个，总规模约 1261 万 kW；广西申报试点 22 个，总规模约 685 万 kW；云南申报试点 28 个，总规模约 408 万 kW；贵州申报试点 13 个，总规模约 312 万 kW；海南申报试点 10 个，总规模约 257 万 kW。南方五省区整县（市、区）屋顶分布式光伏开发试点情况见表 5-2。

表 5-2　南方五省区整县（市、区）屋顶分布式光伏开发试点情况

省（区）	试　点　地　区
广东（32 个）	潮安区、东莞市（大朗镇、桥头镇、谢岗镇、洪梅镇）、从化区、广州市（黄埔、开发区）、龙川县、东源县、惠阳区、惠州仲恺高新技术产业开发区、新会区、揭东区、高州市、化州市、平远县、梅江区、蕉岭县、清新区、清城区、濠江区、武江区、始兴县、南雄市、龙岗区、罗定市、雷州市、遂溪县、怀集县、高要区、肇庆高新技术产业开发区、封开县、广宁县、中山市（三角镇、南头镇、古镇镇、火炬开发区）、斗门区
广西（22 个）	横州市、兴宁区、鹿寨县、柳城县、永福县、藤县、铁山港区、钦南区、灵山县、平南县、港北区、港南区、北流市、福绵区、平果市、田东县、右江区、东兰县、武宣县、江州区、扶绥县、天等县

续表

省（区）	试 点 地 区
云南（28个）	宜良县、富民县、石林县、曲靖经济技术开发区、沾益区、麒麟区、楚雄市、禄丰市、双柏县、鹤庆县、祥云县、弥渡县、文山市、砚山县、丘北县、建水县、蒙自市、河口县、隆阳区、施甸县、泸水市、红塔区、昭阳区、华坪县、镇沅县、耿马县、芒市、景洪市
贵州（13个）	开阳县、播州区、关岭县、镇宁县、盘州市、钟山区、镇远县、长顺县、兴义市、望谟县、威宁县、黔西市、松桃县
海南（10个）	崖州区、天涯区、万宁市、东方市、澄迈县、定安县、屯昌县、临高县、琼中黎族苗族自治县、乐东黎族自治县

（2）光伏大基地。2021年，南方五省区第一批共计6个大型风光基地已经全部开工建设，其中光伏建设总规模1078.2万kW，装机容量占比达到92%。从分布来看，广西建设规模最大，南宁横州、崇左及红水河共536万kW，贵州毕节、黔南共300万kW，云南金沙江下游242.2万kW。此批项目计划2022年投产60%，2023年全部完成投产。南方五省区第一批光伏大基地项目名单见表5-3。

广西南宁横州、崇左基地通过建设配套储能方式保障新能源有效消纳，广西红水河及云南金沙江下游项目则通过与水电机组联合开发建设实现多能互补，6个项目承诺利用率均达95%。

表5-3　　　南方五省区第一批光伏大基地项目名单

省份	项目名称	光伏建设规模（万kW）	建设位置	承诺利用率
广西	广西红水河 140万千瓦光伏项目	140	百色市、贵港市、 来宾市、南宁市	95%
广西	广西南宁横州 260万千瓦风光项目	221	南宁市横州市	95%
广西	广西崇左 200万千瓦风光项目	175	崇左市江州区、宁明县、 扶绥县、大新县、龙州县	95%
云南	金沙江下游云南侧 270万千瓦风光项目	242.2	昆明市、邵通市、 曲靖市、楚雄州	95%
贵州	贵州毕节市 150万千瓦光伏项目	150	毕节市威宁县、 赫章县和七星关区	95%
贵州	贵州黔南 150万千瓦光伏项目	150	黔南州独山县、 平塘县、荔波县、福泉市	95%
合计				95%

除纳入国家第一批大型风电光伏基地项目以外，贵州还在着力建设乌江、南盘江、北盘江、清水江流域“四个一体化”水风光可再生能源综合基地及风光水火储一体化项目，推进六盘水、安顺、黔西南等三个百万级光伏基地建设。云南省也指出要优先支持大型基地开发，重点支持金沙江下游、澜沧江中下游、红河流域、金沙江中游、澜沧江金沙江上游“风光水储”和曲靖“风光火储”等6个多能互补基地，争取3年内全面开工并基本建成。

5.2 运行消纳

5.2.1 发电量

（1）光伏发电量。2021年，南方五省区光伏发电量281亿kWh，同比增长39.8%，占全国光伏发电量的8.6%，同比提高0.9个百分点。南方五省区光伏发电量情况见表5-4。

2021年，南方五省区中广东光伏发电量最高，达103亿kWh，同比增长39.8%；贵州光伏发电量83亿kWh，同比增长83.1%，主要原因为2020年12月光伏投产规模较大；广西光伏发电量28亿kWh，同比增长60.3%，发电量增长主要受新增装机拉动。云南、海南光伏发电量分别为51亿kWh、16亿kWh，同比分别增长2.0%、9.8%。

表5-4 南方五省区光伏发电量情况 单位：亿kWh

项目名称	2010年	2015年	2016年	2017年	2018年	2019年	2020年	2021年
1. 五省区光伏总发电量	**0.12**	**13**	**36**	**61**	**94**	**147**	**201**	**281**
（1）广东	0	4	8	20	30	53	74	103
（2）广西	0	0	1	4	9	14	17	28
（3）云南	0.12	6	23	28	33	47	50	51
（4）贵州	0	0	1	6	16	20	45	83

续表

项目名称	2010年	2015年	2016年	2017年	2018年	2019年	2020年	2021年
(5) 海南	0	3	3	3	6	14	15	16
2. 占全国比重	**9.5%**	**3.5%**	**5.5%**	**5.2%**	**5.3%**	**6.6%**	**7.7%**	**8.6%**
(1) 广东	0.0%	0.9%	1.2%	1.7%	1.7%	2.4%	2.8%	3.1%
(2) 广西	0.0%	0.1%	0.2%	0.3%	0.5%	0.6%	0.7%	0.9%
(3) 云南	9.5%	1.7%	3.5%	2.4%	1.9%	2.1%	1.9%	1.6%
(4) 贵州	0.0%	0.1%	0.2%	0.5%	0.9%	0.9%	1.7%	2.5%
(5) 海南	0.0%	0.7%	0.4%	0.3%	0.3%	0.6%	0.6%	0.5%

(2) 光伏发电量占比。2021年，南方五省区光伏发电量占五省区总发电量的比重为1.9%，同比上升0.4个百分点。其中，贵州光伏发电量占本省电源发电量的比重同比提高1.5个百分点；广东、广西光伏发电量占本省电源发电量的比重亦有所提升。南方五省区光伏发电量占比与全国平均水平对比情况如图5-3所示。

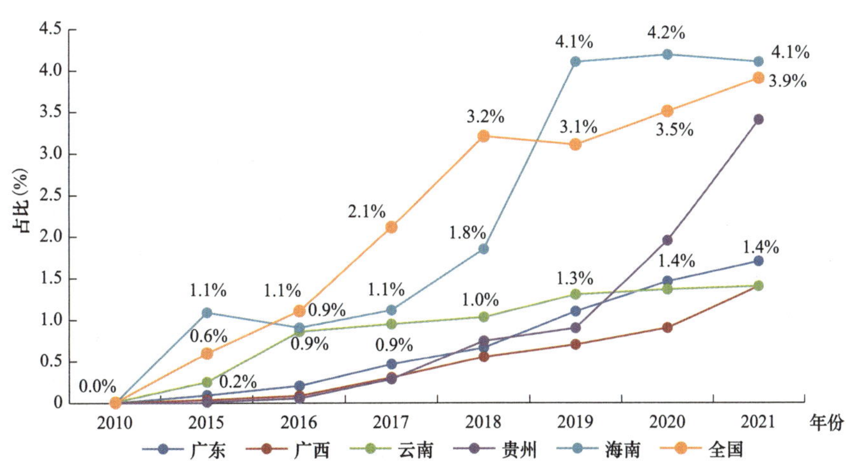

图5-3 南方五省区光伏发电量占比与全国平均水平对比情况

5.2.2 弃光量和弃光率

2021年，南方五省区理论弃光电量0.50亿kWh，相比上年减少0.03亿kWh，理论弃光率0.18%，弃光出现在广东、云南、贵州三省。其中，广东、云南、贵州理论弃光电量分别为 0.07 亿 kWh、0.11 亿 kWh、0.32 亿 kWh，主要原因包括局部地区主变、通道上网受限及电网设备计划检修、临停。南方五省区理论弃光情况见表 5 - 5。

表 5 - 5　　南方五省区理论弃光情况　　单位：亿 kWh

省区	2020 年		2021 年	
	弃光量	弃光率	弃光量	弃光率
广东	0	0	0.07	0.07%
广西	0	0	0	0
云南	0.25	0.50%	0.11	0.24%
贵州	0.29	0.64%	0.32	0.39%
海南	0	0	0	0
合计	0.53	0.26%	0.50	0.18%

5.2.3　发电利用小时数

2021 年，南方五省区光伏发电利用小时数 1078h，略低于去年，低于全国平均水平 203h。其中，广东、海南由于光资源较 2020 年更好，利用小时数分别增长 151h、85h；广西、云南利用小时数也有所提高；贵州利用小时数明显下滑。南方五省区光伏发电利用小时数与全国平均水平对比情况如图 5 - 4 所示。

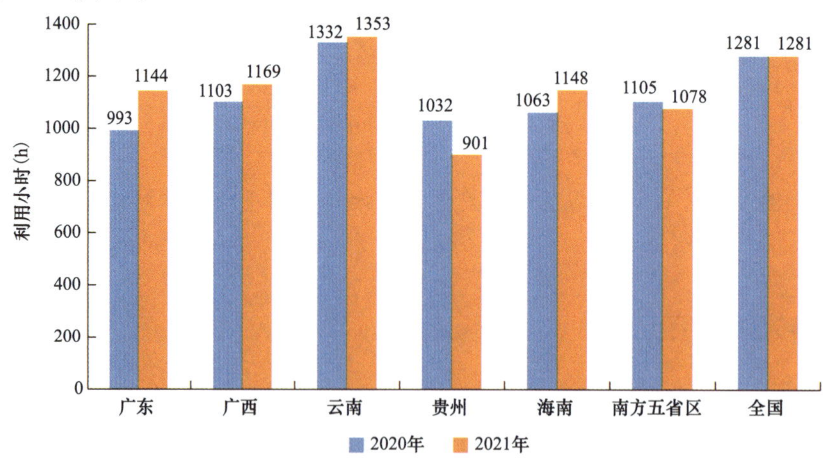

图 5 - 4　南方五省区光伏发电利用小时数与全国平均水平对比情况

5.3 技术发展

光伏电池转换效率稳步提升。2021 年，规模化生产的 p 型单晶电池均采用 PERC 技术，平均转换效率已升至 23.1%，较 2020 年提高 0.3 个百分点。异质结电池、n 型 TOPCon 电池平均转换效率分别达到 24.2%、24.0%，较 2020 年有较大幅度提升。

多晶硅生产能耗大幅下降。2021 年多晶硅企业综合能耗（包含多晶硅生产过程中所消耗的天然气、煤炭、电力、蒸汽、水等）平均值为 9.5kgce/kg-Si，同比下降 17.4%，其中平均综合电耗、平均水耗及蒸汽耗量均值同比分别下降 5.3%、16.7%和 20%。

大尺寸硅片市场份额快速扩大。2021 年 182mm 和 210mm 尺寸合计占比由 2020 年的 4.5%迅速增长至 45%。158.75mm 和 166mm 尺寸占比合计达到 50%，156.75mm 尺寸占比下降为 5%。

组串式逆变器功率密度显著提升。随着电力电子器件的升级以及生产厂家在逆变器结构上的创新，逆变器的功率密度显著提升。2021 年集中式电站用组串式逆变器功率密度为 2.39kW/kg，同比增长 11.7%。集中式逆变器和集散式逆变器功率密度为 1.17kW/kg，与去年基本持平。

5.4 工程造价和度电成本

5.4.1 工程造价

光伏发电系统单位千瓦平均造价略为回升。据统计，2021 年我国地面光伏初始投资成本为 4150 元/kW，同比上涨 4.0%；工商业分布式光伏初始投资成本为 3740 元/kW❶，上涨幅度达到 10.7%。随着技术进步和规模

❶ 数据来源：中国光伏行业协会，中国光伏产业发展路线图（2021 年版）。

化效益，组件、逆变器等关键设备成本仍有一定下降空间。

5.4.2 度电成本

光伏发电度电成本微幅下降。2021 年，光伏电站平均度电成本 0.310 元/（kWh）[1]，比上一年下降 0.059 元/（kWh），同比下降 16.0%。光伏发电平均度电成本变化情况如图 5-5 所示。

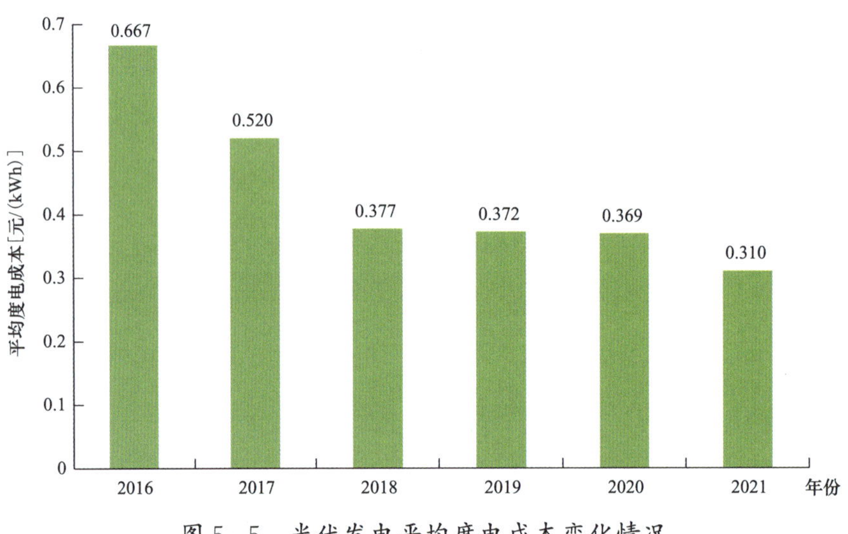

图 5-5　光伏发电平均度电成本变化情况

5.4.3 上网电价

根据国家发展改革委《关于 2021 年新能源上网电价政策有关事项的通知》，2021 年新建光伏项目上网电价，按当地燃煤发电基准价执行，亦可自愿通过参与市场化交易形成上网电价。

根据南方五省区 2019—2021 年上网电价情况，广西、贵州、海南光伏平均上网电价均有小幅上升，广东光伏平均上网电价近年基本持平，云南光伏平均上网电价有所下降。

[1] 数据来源：IRENA，Renewable Power Generation Costs in 2021。

5.5 发展展望

南方五省区光伏建设将在未来几年呈现集中式与分布式齐头并进的发展格局。

集中式光伏方面，国家大力推进以沙漠、戈壁、荒漠地区为重点的大型风电光伏基地建设。2021 年发布的第一批大型风电光伏基地建设项目清单中，广西、云南、贵州将建设 6 个大型风电光伏基地，其中风光项目 3 个，共计 730 万 kW，光伏项目 3 个，共计 440 万 kW。

分布式光伏方面，随着光伏在建筑、交通等领域的融合发展，叠加整县推进政策的推动，分布式项目装机将保持快速上升态势。南方五省区光伏建设“十四五”规划见表 5-6。

表 5-6　南方五省区光伏建设“十四五”规划　单位：万 kW

	广东	广西	云南	贵州	海南	五省区
新增规模	3700	2435	6428	1901	500	14 964
年均新增	740	487	1286	380	100	2993
年均增速	43%	78%	79%	30%	29%	42%

南方五省区“十四五”光伏装机规模预测如图 5-6 所示。

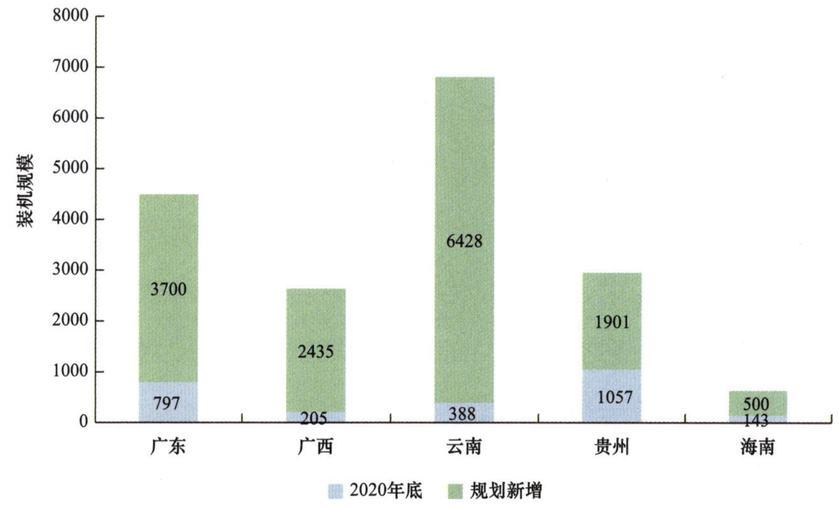

图 5-6　南方五省区“十四五”光伏装机规模预测

5.6 小节和建议

（1）结论。2021年，整县光伏政策叠加户用光伏补贴进入最后一年，大大加速分布式光伏开发建设。南方五省区新增光伏发电装机主要集中于广东、广西。

光伏装机规模增长加快。根据各省能源规划，“十四五”期间，南方五省区规划新增光伏装机规模达14 964万kW，其中云南超过6000万kW，预计到2025年底五省区光伏累计装机17 554万kW。

（2）建议。坚持项目开发建设和消纳并重。一是对目前在建的大型新能源基地，要从国家层面对外送消纳方向进行前置统筹，并继续加强技术创新，提高电力送出消纳能力，确保大型光伏基地“发得稳、送得出、用得掉”。二是要定期评估各级电网接纳分布式光伏能力，提前规划配电网升级改造，保障分布式光伏“应接尽接”。

协同推进乡村光伏发展以及农村电气化工作。将光伏项目建设与乡村电气化与乡村振兴重点项目充分结合，因地制宜建设智慧用能服务项目，实现智慧用能与农业生产、乡村产业、农村生活、供电服务深度融合，节约电网改造升级投资。

完善分布式光伏管理政策。我国多项国家层面政策文件中已明确集中式和分布式并举发展为可再生能源近中长远期的发展方式，“十四五”期间将开展千家万户沐光、城镇屋顶光伏、光伏+综合利用、光伏廊道等分布式光伏示范和行动，加快分布式风光项目建设。建议参照国际发展经验，结合我国整县屋顶光伏推进需求，适度简化分布式可再生能源相关管理程序。如对于整县光伏的接网和备案等手续，在一个区域（地市或县域）一个项目开发业主的情况下可采用统一申报方式。

第 6 章

生物质发电

6.1 开发建设

6.1.1 新增装机容量

2021年，南方五省区生物质发电新增装机170万kW，同比减少62万kW。广东生物质发电装机规模新增较多，新增装机90万kW，广西和云南分别新增23万kW和42万kW，以上三省区新增规模占五省区新增规模的91.2%。南方五省区生物质发电新增装机容量如图6-1所示。

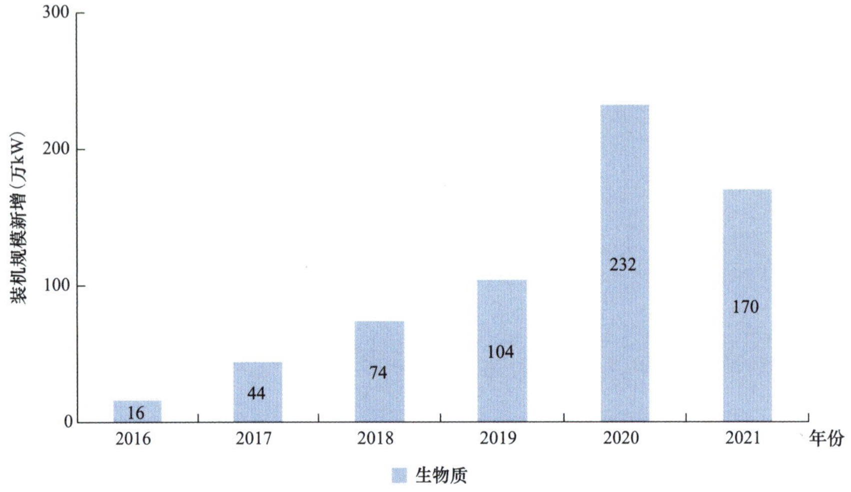

图6-1 南方五省区生物质发电新增装机容量

6.1.2 累计装机容量

（1）累计装机。截至2021年底，南方五省区生物质发电装机757万kW，同比增长28.9%，占全国生物质发电装机比重由2010年的6.1%提高到19.9%。南方五省区生物质发电装机容量及增速如图6-2所示。

（2）各省装机。广东、广西仍为生物质装机容量规模的主力。2021年底广东生物质发电装机377万kW，居五省区首位，占五省区生物质发电装机的49.8%。广西生物质发电装机225万kW，在五省区生物质发电装机的

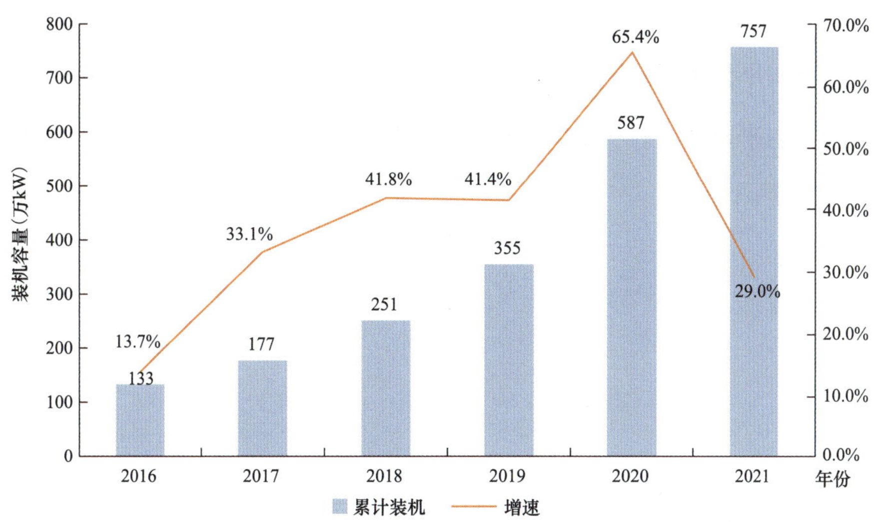

图6-2 南方五省区生物质发电装机容量及增速

比重为29.7%。两广地区占比接近80%。云南生物质发电61万kW，贵州43万kW，海南52万kW。南方五省区生物质装机见表6-1。

表6-1 南方五省区生物质装机 单位：万kW

项目名称	2010年	2015年	2016年	2017年	2018年	2019年	2020年	2021年
1. 五省区小计	**33**	**117**	**133**	**177**	**251**	**355**	**587**	**757**
(1) 广东	21	80	91	122	165	252	287	377
(2) 广西	3	14	20	25	44	54	202	225
(3) 云南	9	12	12	12	13	17	19	61
(4) 贵州	0	3	3	10	21	21	35	42
(5) 海南	1	8	8	8	8	10	44	52
2. 占全国比重	**6.1%**	**10.5%**	**10.9%**	**12.0%**	**14.1%**	**15.7%**	**19.9%**	**19.9%**

6.1.3 累计装机占比

从整体上看，2021年，五省区生物质发电装机占全部电源装机的比重为1.9%，同比提升0.3个百分点。分省来看，广东生物质发电装机占本省电源装机的比重为2.4%，同比提升0.4个百分点；广西的生物质发电装机占比为4.1%，同比提升0.2个百分点；海南的生物质发电装机占比为4.9%，同比提升0.5个百分点；在云南、贵州生物质发电装机占比在1%

以下。

从与全国平均水平的对比来看，除云南和贵州外，其他三省区生物质占比均高于全国平均水平。南方五省区生物质发电装机占比与全国平均水平对比情况如图6-3所示。

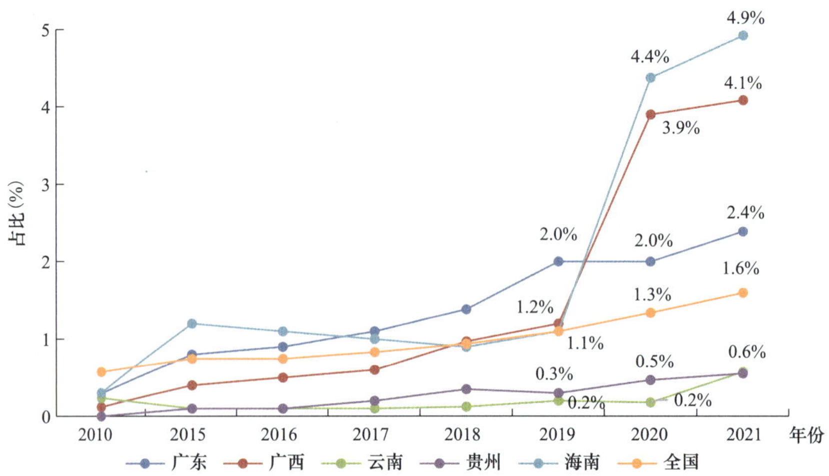

图6-3　南方五省区生物质发电装机占比与全国平均水平对比情况

6.2　运行消纳

6.2.1　发电量

2021年，南方五省区生物质发电量334亿kWh，同比增长28.2%，占南方五省区总发电量的2.3%，高于全国平均水平（2.0%）。其中，广东生物质发电量207.0亿kWh，占五省区生物质总发电量的62.0%。南方五省区生物质发电量情况如图6-4所示。

6.2.2　发电利用小时数

2021年，南方五省区生物质发电利用小时数4561h，比上年降低717h。其中，广东、海南的生物质发电利用小时数较高，分别为5767h、5398h。南方五省区生物质发电利用小时数对比情况如图6-5所示。

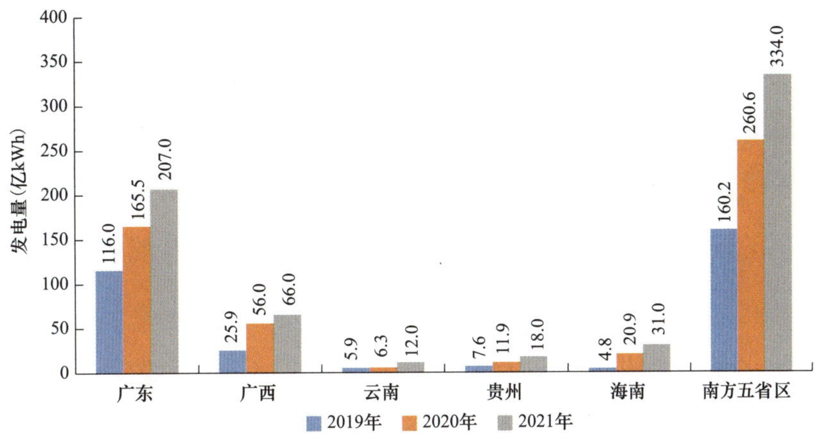

图 6-4 南方五省区生物质发电量情况

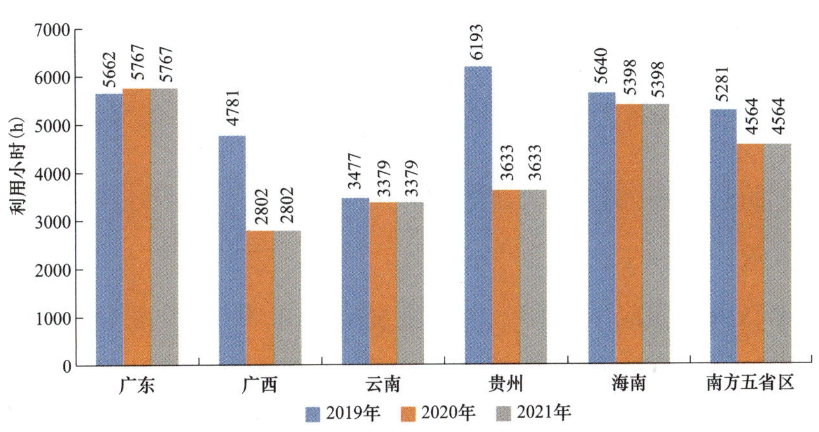

图 6-5 南方五省区生物质发电利用小时数对比情况

6.3 技术发展

6.3.1 发电技术

生物质发电技术逐步发展完善。生物质发电有直接燃烧、共燃、气化三类较为成熟的技术。

(1) 直接燃烧将生物质作为发电唯一燃料，技术成本低且利用量大，但平均发电效率较低，目前各省区主要在有稳定生物质原料来源的制糖厂和林木加工企业使用直燃生物质发电技术。

（2）共燃是指以生物质代替部分煤的改进发电技术，目前生物质的替代比例通常是5%～40%之间，当替代比例达到35%时效率可与全煤燃烧相当，共燃发电利用大型电厂混燃发电，仅需小范围改造发电厂设备，能够利用大型电厂的规模经济，热效率高，可节省投资，国内混燃技术处于起步阶段。

（3）气化是利用生物质加热直接形成可燃气体的燃烧发电技术，该类可燃气体可在联合循环电力生成系统中使用，且气化发电技术的能量转化效率可达60%，技术可靠而运行成本低廉，适合农村偏远分散地区使用。

6.3.2 生物燃料技术

生物燃料技术多元化发展。我国对生物燃料的提炼技术呈多元化、成熟化的趋势发展，按照生物质能产品划分，生物质燃料技术主要可分为固体生物燃料技术（生物质成型燃料、生物质直接发电/供热）、液体生物燃料技术（燃料乙醇、生物柴油、BTL）及气体生物燃料技术（沼气与车用甲烷、生物制氢）等。

（1）固体生物燃料技术以生物质成型燃料或生物炭为主要发电能源，在我国用途广泛，能量密度高、燃烧性能好，专用炉具中燃烧热效率可达50%。

（2）液体生物燃料包含生物柴油及燃料乙醇两大类，主要以由残余农作物经催化反应提炼而成，具有较高的燃烧效率，我国在提炼液体生物燃料的技术上稍逊于技术较为成熟的欧美国家。

（3）气体生物燃料技术采用热解气法、氧气气化、复合气气化等方式将生物质转化为气体燃料，形成以沼气发电为主的生物质发电项目，我国已拥有较为成熟的技术并在农村多地形成了沼气发电循环系统，并将力争利用海洋藻类进行生物质气化制甲烷的技术上取得突破。

6.4 工程造价和度电成本

6.4.1 工程造价

不同类型生物质项目单位千瓦平均造价差异较大。农林生物质发电项目单位千瓦造价约8000元，成本构成以热力系统和燃料供应为主；城市生活垃圾焚烧发电项目单位日吨垃圾处理规模造价约50万元，成本构成以焚烧和余热系统为主；生物天然气成本较高，日万标立方米生产规模造价约1.1亿元，成本构成以发酵系统为主。

6.4.2 度电成本

生物质发电度电成本趋于平稳。生物质发电的成本较高，度电成本下降空间和幅度低于其他能源品种。农林生物质发电项目平均度电成本0.45～0.55元/kWh，垃圾焚烧发电项目平均度电成本0.6～0.7元/kWh，填埋气发电、沼气发电项目平均度电成本0.5～0.65元/kWh。

6.5 发展展望

“十四五”期间南方五省区新增的生物质发电主要集中在广东、广西和贵州三省。其中广东规划新增200万kW装机，广西新增100万kW装机、贵州新增85万kW装机、海南新增6万kW装机，南方五省区合计新增397万kW，预计到2025年底生物质发电累计装机978万kW，“十四五”期间年均增长11%，低于风电和光伏发电的增速。南方五省区“十四五”生物质发电新增规模如图6-6所示。

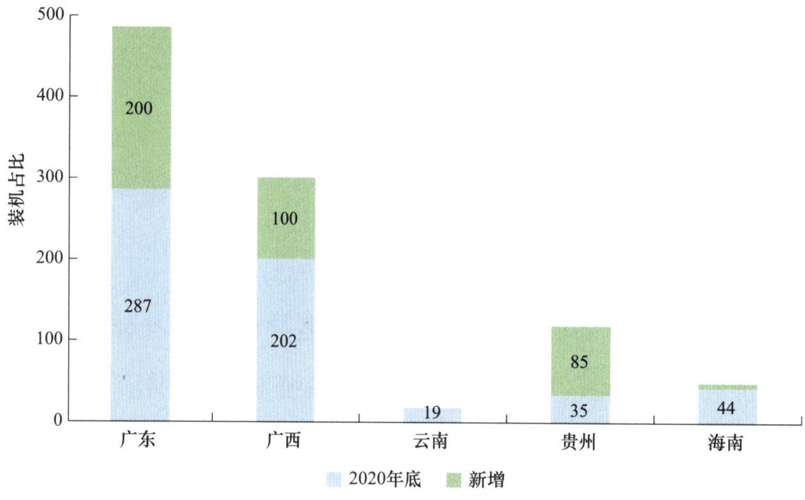

图 6-6 南方五省区“十四五”生物质发电新增装机规模

6.6 小节和建议

（1）小节。垃圾发电受城镇化发展、垃圾无害化处理等支持发展较快，农林生物质受流动资金、原料收集、秸秆燃料等费用的影响，发展停滞。2021 年，南方五省区生物质发电新增装机 170 万 kW，广东生物质发电装机规模新增较多，广西和云南也有部分新增。未来几年，南方五省区新增的生物质发电主要集中在广东、广西和贵州三省。预计到 2025 年底生物质发电累计装机 978 万 kW，生物质发电装机规模年均增长 11%。

（2）建议。加强政策供给，推动地方续力生物质发电补贴政策。生物质发电具有出力相对稳定、低碳等优点，是新型电力系统重要电源，电力转型程度较高的欧美发达国家生物质发电量比重较高，在 10%～17%之间，南方五省区仅为 2.3%，国补政策变化后，建议根据资源禀赋、新型电力系统构建需要，发挥五省区资源优势，加强对生物质发电项目的补贴政策的研究和供给，推动以生物质能源逐步代替煤炭的低碳发电方式，助力新型电力系统建设。

第 7 章

电力行业二氧化碳排放与减排

7.1 电力行业二氧化碳排放量

经过十多年的努力，南方五省区电力行业的低碳发展成效显著。煤电和气电发电量占比由2002年的61%下降至2021年的50%，下降19.9个百分点，可再生能源发电量占比由2005年的28.8%升至“十三五”时期的40%以上，2021年受云南水电来水持续偏枯、入汛大幅偏晚等因素的影响，可再生能源发电量占比小幅下降。

7.1.1 排放因子

（1）测算说明。根据国家发展改革委发布的《中国发电企业温室气体排放核算方法与报告指南（试行）》，发电企业的全部排放包括化石燃料燃烧的二氧化碳排放、燃煤发电企业脱硫过程的二氧化碳排放、企业净购入使用电力产生的二氧化碳排放量，主要来源于化石燃料燃烧的二氧化碳排放量。

本报告利用碳排放因子法，对2002年以来南方五省区电力二氧化碳排放量进行测算。

对于国家发展改革委已公布排放因子的年份，按公布的南方区域电网排放因子计算；国家发展改革委未公布排放因子的年份则由南网能源院按煤电和气电的二氧化碳排放因子公式计算，2020年因子参照国家生态环境部《省级二氧化碳排放达峰行动方案编制指南》（环办气候函〔2021〕85号）推荐的煤电、气电的排放因子进行测算。

本报告中的测算，水电、核电、风电、光伏发电、生物质及垃圾焚烧电厂二氧化碳排放计为0。

（2）测算结果。南方五省区电力碳排放因子在2002—2007年间呈上升走势，此后除个别年份外，总体呈下降走势。碳排放因子从2011年及之前的600g/kWh以上，下降至2020年的395g/kWh。由于火电发电量同比上

升，2021 年排放因子回升至接近 400g/kWh。南方五省区电力碳排放因子优于全国平均水平，区域电力低碳发展水平居全球前列。南方区域电网排放因子测算值如图 7 - 1 所示。

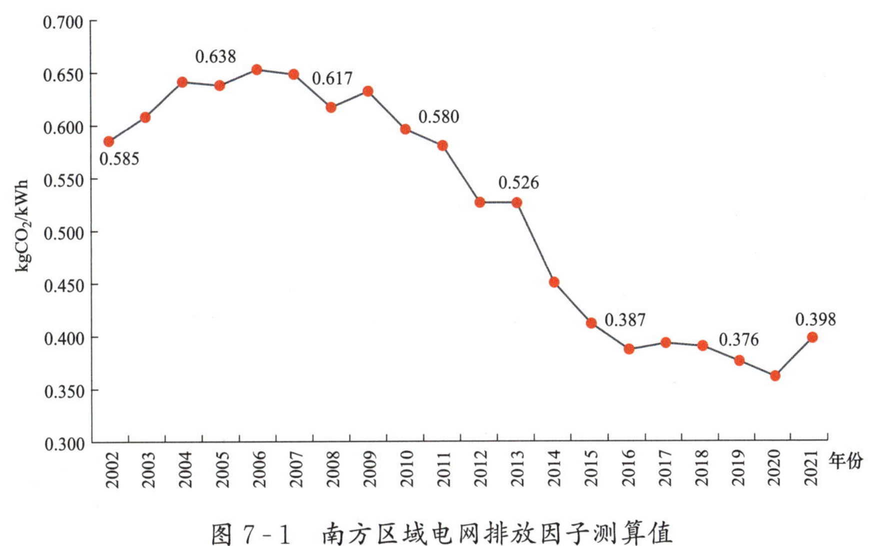

图 7 - 1 南方区域电网排放因子测算值

7.1.2 电力行业二氧化碳排放

（1）二氧化碳排放量。根据南方五省区各类电源度电二氧化碳排放量和跨区域送电引起的间接二氧化碳排放量等进行综合分析测算，2002 年以来南方五省区电力行业排放量呈现波动上升走势。2021 年，二氧化碳排放量接近 5.9 亿 t CO_2，二氧化碳排放量同比增长超过 20%。逐年电力二氧化碳排放量测算结果如图 7 - 2 所示。

（2）二氧化碳排放量同比增速变化及对比。2002—2021 年期间，南方五省区电力二氧化碳排放量年均增速为 6.6%，同期全社会用电量增速为 8.8%，二氧化碳排放量增速低于用电量增速 2.2 个百分点。南方五省区电力行业二氧化碳排放量增速与用电量增速如图 7 - 3 所示。

“十一五”以来，南方五省区电力二氧化碳排放量均低于用电量增长速度，特别是“十二五”期间，电力二氧化碳排放量增速远低于用电量增速。

图 7-2　2002 年以来南方五省区逐年电力二氧化碳排放量测算结果

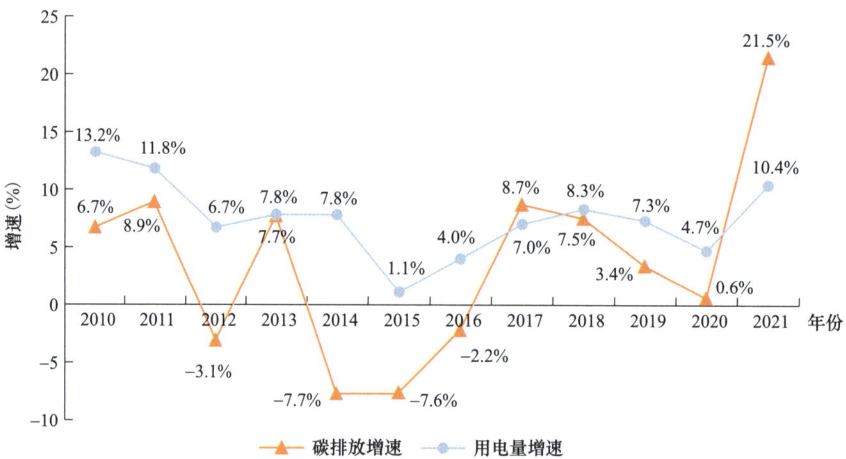

图 7-3　南方五省区电力行业二氧化碳排放量增速与用电量增速

“十二五”期间云南省水电装机年均增长 17%，对南方五省区电力控碳贡献明显。南方五省区电力二氧化碳排放量和用电量年均增速对比见表 7-1。

表 7-1　南方五省区电力二氧化碳排放量和用电量年均增速对比

时期	二氧化碳排放量增速	用电量增速	差异（百分点）
“十五”期间	15.94%	12.65%	3.3
“十一五”期间	9.28%	10.79%	-1.5
“十二五”期间	-0.63%	7.00%	-7.6
“十三五”期间	3.51%	6.24%	-2.7

7.2　电力行业碳减排量

7.2.1　测算说明

由于各国社会经济、能源消费发展阶段及电源结构等多方面存在较大差异，目前国际上对于电力减少的二氧化碳排放，尚无公认的统一的计算原则，主要是碳排放因子和发电量计算基准值不同。体现在以下两个方面：①排放因子方面，既有以煤电为基准的，也有以历史上某一年为基准进行测算。②发电量方面，有以发电量为基准的，也有以发电量的增量为基准进行测算。

本报告以火电排放因子为基准进行测算，取基准年为 2002 年，南方电网公司成立的年份进行计算。

非化石能源减排量＝2002 年火电碳排放因子×非化石能源发电量；

火电发电减排量＝2002 年火电碳排放因子×火电发电量-火电实际二氧化碳排放量。

7.2.2　电力行业减排量

（1）逐年减排量。2021 年，南方五省区电力行业减少排放 6.9 亿 t CO_2，其中消纳非化石能源减少排放 6.3 亿 t CO_2，降低供电煤耗等措施减排 0.6 亿 t CO_2。2002 年以来南方五省区电源侧逐年减排量如图 7 - 4 所示。

（2）累计减排量。据测算，2002 年以来，南方五省区电力行业累计减少排放 66.5 亿 t CO_2，其中消纳非化石能源 6.96 万亿 kWh，减少排放 63.5 亿 t CO_2，降低供电煤耗等措施减排 2.9 亿 t 如图 7 - 5 所示。消纳非化石能源减排量占五省区累计电力减排量的比值为 95%。加快发展、消纳非化石能源是推动能源低碳转型、电力行业减排的关键。

（3）西电东送减排量。跨省区消纳可再生能源的能力不断提升。西电东送规模显著扩大，经过 20 年的发展，南方电网公司西电东送的送电规模超

5800万kW，年送电量超2300亿kWh。近几年，西电东送电量中非化石能源占比约为84%。2021年送电量为2206亿kWh，相当于减排1.7亿t CO_2。2002年以来南方五省区西电东送逐年减排量如图7-5所示。

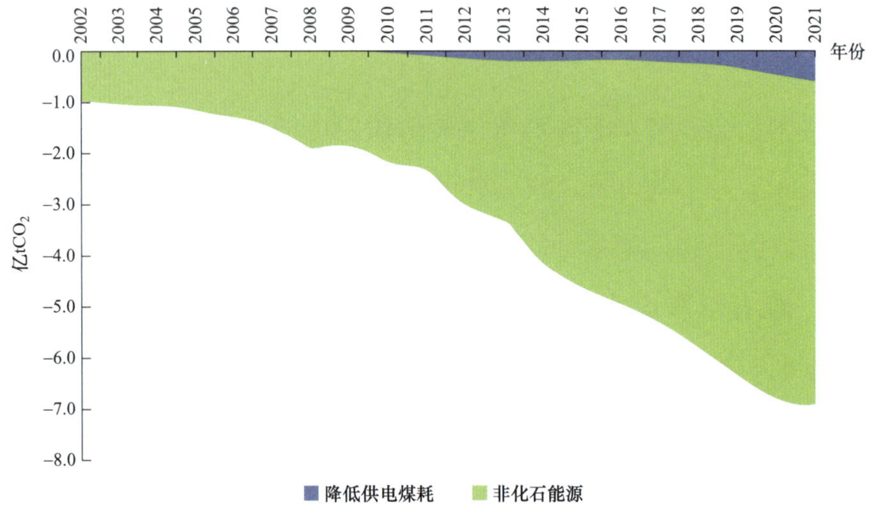

图7-4　2002年以来南方五省区电源侧逐年减排量❶

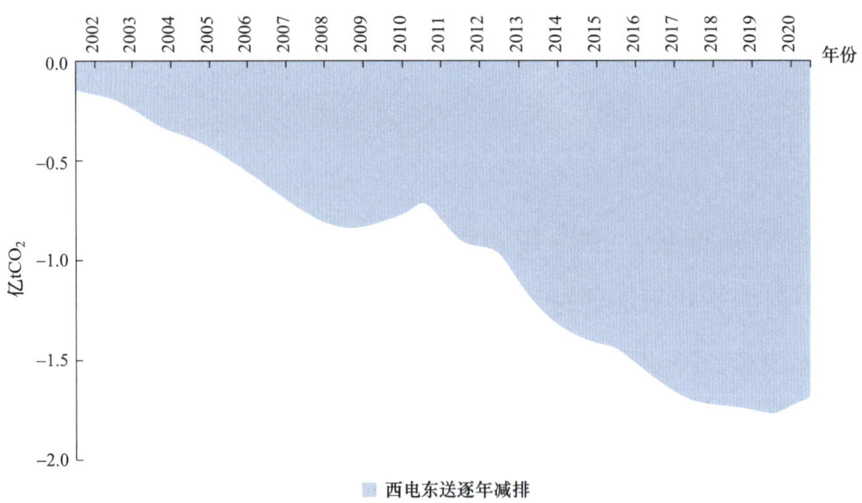

图7-5　2002年以来南方五省区西电东送逐年减排量

南方电网公司成立以来，西电东送累计输送清洁电量约2.2万亿kWh，西电东送电量累计减排19.8亿t CO_2。

❶ 图7-4、图7-5为南网能源院测算值。

7.3 小节

二氧化碳排放量走势。随着全社会用电量和化石能源发电量的增大，近二十年来，南方五省区电力行业二氧化碳排放量呈波动上升走势。2021年，二氧化碳排放量为5.85亿t CO_2，同比增长20%以上。

二氧化碳排放量增速与用电量增速对比。“十一五”以来，南方五省区电力二氧化碳排放量均低于用电量增长速度，特别是“十二五”期间，电力二氧化碳排放量增速远低于用电量增速。“十二五”期间云南省水电装机高速增长对南方五省区电力行业二氧化碳排放增长放缓贡献明显。

二氧化碳减排量。2021年，南方五省区电力行业减少排放6.92亿t CO_2，其中消纳非化石能源减少排放6.32亿t CO_2，降低供电煤耗等措施减排0.6亿t CO_2。

累计二氧化碳减排量。2002年以来，南方五省区电力行业累计减少排放66.5亿t CO_2，其中消纳非化石能源减少排放63.5亿t CO_2。加快发展、消纳非化石能源是推动能源低碳转型、电力行业减排的关键。南方电网公司成立以来，西电东送累计输送清洁电累计减排18.1亿t CO_2。

第 8 章

分布式可再生能源并网专题研究

8.1　并网影响

2021 年，我国分布式光伏新增约 2900 万 kW，约占全部新增光伏发电装机的 55%，首次超过集中式光伏。我国可再生能源正在形成集中式与分布式并举的发展格局。

根据国外实践经验，分布式可再生能源大规模接入后会对电网电压、频率、电能质量等产生不容忽视的影响。自 2006 年以来，全球已出现多起分布式可再生能源对电网运行产生显著影响事件，见表 8-1。

表 8-1　　分布式可再生能源对电网运行产生显著影响典型事件

地区	年份	事件主要经过
德国	2006	低压侧电源的保护设置为电网频率超过 50.2Hz 时自动断开，导致一次欧洲电力系统解列事故中德国分布式光伏集体切出
澳大利亚南部地区	2017	3 月 3 日，澳大利亚南部输电系统发生一系列故障，导致五台大型发电机脱网。在事故过程中，150MW 的分布式光伏切出数分钟，负荷损失达到 610MW
	2021	9 月 26 日，由于南澳大利亚分布式光伏满足了电力需求的 82%，系统净负荷降至 236MW，对系统运行方式带来较大考验
		对 500 个分布式光伏站点的跟踪分析表明，接入光伏后配电网电压常高于 253V 的上限
美国加州	2018	由于输电线路中断导致分布式光伏切出，加利福尼亚州的净负荷突然上升 130MW（2018 年 4 月）和 100MW（2018 年 5 月）
英国	2019	8 月，燃气机组与海上风电机组连续脱网导致系统出现较大功率缺额，系统频率大幅下降触发了低频减载装置，进而导致约 580MW 的分布式机组脱网

8.2　并网要求

（1）建立并网要求的目的和意义。为在分布式可再生能源大规模接入背景下，保障电网安全可靠运行，需要建立分布式可再生能源接入的相关准则，实现分布式可再生能源有序友好接入。

并网要求从电力系统中市场、运行、规划和接入等方面，定义了电力系统中发电机、可调节负荷、储能和其他设备为保持系统稳定运行以及系统中各种设备互容需要遵循的技术规则。并网要求的实施能确保连接到系统的设备不会危及电力供应的安全。建立并网要求不仅有利于确保电力系统中各种不同角色之间的协调、提高电力系统安全性和可靠性，还有利于提高市场透明度、促进私人或新建立公司参与电站建设、实现分布式新能源发电机组高效接入。

（2）并网要求涵盖的主要内容。从所要解决的问题来看，国际上不同区域电力系统并网要求中规定的技术连接要求大体是相似的，主要包含保护、电能质量、仿真/模型、控制有功功率无功功率能力、故障性能、电压频率工作范围、电压控制能力、系统恢复及频率控制能力九大方面的内容。然而从具体规范设置的参数范围来看，不同地区所选择的参数存在显著差异。因此，根据实际电力系统运行需要，为不同的新能源发电设施确定适当的参数是并网要求设计的关键。并网管理涵盖的主要内容及考虑因素如图8-1所示。

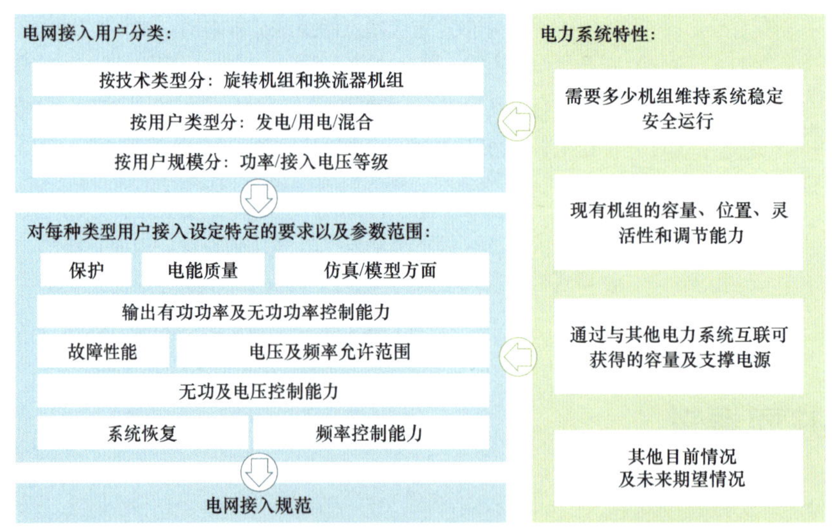

图8-1　并网管理涵盖的主要内容及考虑因素

（3）具体要求。

1）电压和频率工作范围方面的要求。该要求通常适用于同一系统中的所有发电机。其目标是使所有发电机组在一个或多个确定的运行范围内具有可预测的行为。电网正常运行时，通常要求发电机在额定有功功率以下能连续运行；电网出现电压、频率波动时，要求发电机组在指定时间内正常运行。以我国为例，其正常运行电压范围为设备额定电压 90%～110%。当电压达到额定电压 110%～120%，电源需要在 10s 内保持运行并提供有功功率；当电压达到额定电压 120%～130%，电源侧需要至少保持运行 0.5s。

2）频率控制能力方面的要求。并网要求中对于新能源机组频率控制能力的要求各不相同。欧洲国家大部分输配电运营商在 50.2Hz 事件发生后，均要求发电机组在系统频率超过阈值后降低有功功率。此外，在系统频率低于阈值后，增加有功功率的要求也很常见，但该要求主要发生在发电机组低于额定容量运行时。当发电机组以额定容量运行时，在短时间内增加有功功率输出以支撑频率是可行的，如惯性响应或快速频率响应（FFR）。针对频率控制方面，德国 2012 年更是耗资近 1.75 亿欧元，对超过 315000 台大于 10kW 的分布式光伏系统的逆变器进行了改造，要求所有新的和现有的分布式光伏系统能够承受超过 50.2Hz 的超频干扰。

目前，只有超过一定规模的常规发电机组需具备频率控制备用和频率恢复备用的能力。近年来，对连接传输的新能源发电机组能够提供这种服务的要求越来越普遍，丹麦、爱尔兰和英国要求接入高压输电网新能源发电机组提供向上和向下备用的能力，但并未强制要求其提供相应服务。

3）对发电机提供无功功率进行电压控制的要求。该要求包含两个不同的方面：一是发电机提供无功功率的能力，二是发电机组在不同模式（如恒定功率因数、电压无功控制、有功无功控制）下运行能力。该要求适用于全世界中输电网及配电网中几乎所有的旋转和电力电子机组，如中国规定风电场功率因数应动态控制在超前 0.9 到滞后 0.95 之间。欧洲国家行业利益相关方最近更广泛的讨论了泛欧电网规范，要求 A 类发电机（装机容量低于

1MW且接入低压配电网的发电机）具备更为先进的逆变器功能，可根据本地电压能够调整注入或吸收的无功功率，从而稳定低压配电网的电压。美国亚利桑那州也在推行高性能稳压稳频的逆变器，可根据配电网络电压偏差注入或吸收无功功率，保证电压和频率在目标范围内。

4）故障动作方面的要求。该要求确保电力系统动作可预测性以及电网故障（特别是短路）可恢复性。为保持稳定运行，电力系统需要提前了解发电机组发生故障时将如何动作。

5）保护方面的要求。保护装置设置目的通常是保护用户设备（负载和发电机）的本身。然而并网要求需要适当地指定保护操作范围和故障穿越（FRT）要求，使得电力用户不会过度保护他们的设施。发电机防孤岛保护要求除外，其目的是保护电网在远离配电网区域的情况下，不受发电机不需要的连续运行的影响。

6）可控性方面的要求。较早之前，直接接入输电网的大型新能源机组就要求其有功功率和无功功率是可控的。在工业化国家，输电网通常配置了系统范围的监控和数据采集（SCADA）系统，新能源机组需要接入该系统以使调度机构能远程设定其工作点或连接到自动发电控制（AGC）系统。截至2021年，该要求已经扩展至中压配电网中。然而，对连接到低压电网的电源可控性的需求在大多数国家刚刚出现。英国配电网络运营商制订了可控的电网连接方案，运营商为该区域的每个用户分配最大可用容量以及预测的弃电指数，如果实际弃电接近或超过该指数值，运营商将对分布式发电进行干预。澳大利亚也在探索另一种更先进的可控柔性连接模式，该模式会给用户设定与电网的交换功率范围，该容量范围随时间和位置“动态”变化，当电网具备更高的消纳能力时，允许发电机组向电网注入更高的功率。

7）有功功率可控性方面的要求。对发电机有功控制要求还包括对发电机最小和最大爬坡速率的要求。一般情况下会设定常规和储能机组的最小爬坡速率要求，以及新能源机组的最大爬坡速率要求。新能源的爬坡速率限制通常只在工作点变化、开停机等情况下适用，否则将会导致发电量下降或者

需要配置额外的储能。此外，夏威夷地区已探索将下垂控制策略应用于光伏系统。类似的下垂控制可以应用于风能和太阳能发电厂，有效地降低弃电量和系统燃料成本。丹麦规定 11kW 以上光伏电站需要配置有功控制功能并参与系统调频。不同规模电力系统发展新能源接入技术需求重点见表 8-2。

表 8-2　　不同规模电力系统发展新能源接入技术需求重点

新能源渗透率	小型电力系统	中型电力系统	大型电力系统
低	（1）设备必须对频率和电压变化具有更强的承受能力。 （2）包括小型分布式电源需具备可控性及故障穿越能力	（1）要求必须与新能源行业的技术水平、标准和规则相匹配。 （2）电能质量、保护、合适的频率工作范围和 LFSM-O 必须适用于所有新连接的新能源设施和储能等支持技术。 （3）对于中压电源，需要设定远程功率控制和故障穿越性能的要求，低压电源可暂时忽略	
中	（1）LFSM-U 和适合 AGC 集成的有功功率控制性能。 （2）储能等支持技术	（1）故障穿越和有功功率控制能力要求扩展至低压电源。 （2）储能等支持技术	（1）低压连接所需的 FRT 能力和有功功率可控性。 （2）对大型设施的新要求。 （3）储能等支持技术
高	（1）储能设施集成控制。 （2）全频率和电压控制功能。 （3）储能构网和黑启动服务	（1）无水电地区需配置逆变器构网技术要求防止稳定性问题。 （2）满足 AGC 集成要求的频率控制功能和有功功率控制性能	高压电源（如新能源发电厂或大规模储能）需提供构网服务和黑启动功能

8.3　并网建议

新能源并网要求过低可能带来电网运行风险；而并网要求过高可能导致新能源接入成本大幅上升，挫伤新能源投资者的积极性。因此，为分布式新能源制订合适的并网要求对区域电网及新能源协调发展具有重要意义。

结合国内外典型地区发展经验及南方五省区实际发展情况，对制订南方五省区新能源并网要求中提出以下建议。

（1）处理好区域间共性与个性问题。从欧洲、北美地区的并网管理规范来看，由于电力系统承载分布式新能源能力与其系统规模大小、区域间互济能力有着紧密的联系，因此不同规模电力系统对分布式新能源接入的相关参数需求也会存在较大差异。

南方五省区各省电源构成、负荷特性具有较大差异，在制订区域内并网要求时，建议如下：

首先，要统一同步网络中与频率、有功功率控制相关的要求，对于系统遇到频率干扰期间运行特性变化调度部门要能正确预测，从而提高系统的安全性。建立统一的规范不仅有助于系统灵活性在区域内进行合理分配，促进能源成功转型，也可让设备制造商和项目开发商以更低的成本提供符合相关规范的设备，降低全社会用电成本。

其次，也要充分考虑所制订的要求与不同省（区）电源电网发展现状、不同省（区）间的互济能力之间的兼容性，为不同地区的特殊需求留出管理优化的空间。目前可供参考的做法包括在电网接入要求中，为其中各同步电源系统列出不同的适用参数；或是根据设施类型类别指定接入要求，其中设施类型类别划分规模阈值由每个同步电力系统单独指定。

（2）把握区域新能源发展现状及趋势。除电力系统规模大小、区域间互济能力以外，新能源发展阶段也对分布式新能源并网要求有重要影响，在制订分布式新能源并网要求时，需要提前做好新能源资源评估以及发展趋势研判工作，把握未来一段时间区域内新能源发展趋势。

在此基础上，结合区域电网发展现状与规划，研究在当前及未来一段时间内哪些并网要求是电网安全稳定运行所必需的，哪些要求需要在未来补充。制订好新能源并网要求的修订计划，并根据新能源发展进行动态调整，以满足新能源与电网协同发展的需要。

（3）对分布式新能源进行分类细化管理。随着分布式新能源数量及规模

的日益增大，特别是户用光伏等低压接入分布式新能源增多，分布式新能源建设运行条件逐步呈现较大差异，建议参考欧洲分类标准，根据容量、接入电压等级、接入环境等对分布式新能源进行分类，并根据实际需要研究制定对应的细化管理规定。

附录 名词解释

【非化石能源】指化石能源之外的一次能源，包括核能、风能、太阳能、水能、生物质能、地热能、海洋能等。

【可再生能源】指自然界中可以循环再生、反复持续利用的一次能源，主要包括水能、风能、太阳能、生物质能、地热能和海洋能等。

【清洁能源】指不排放污染物、能够直接用于生产生活的能源，它包括核能、可再生能源、使用低污染的化石能源（如天然气等）及利用清洁能源技术处理过的化石能源。如洁净煤、洁净油等。

【传统能源】指在现阶段科学技术水平下，人们已经广泛使用、技术上比较成熟的能源。如煤炭、石油、天然气、水能等，也称常规能源。

【新能源】指传统能源之外的各种能源形式，处于开发利用或研究初期，具有一定推广应用潜力的能源。如风能、太阳能、生物质能、地热能和海洋能等。本报告新能源发电指光伏发电、风电和生物质发电。

数　据　来　源

[1] 国务院网站

[2] 国家发展改革委网站

[3] 国家能源局网站

[4] 中国电力企业联合会

[5] 广东省能源局网站

[6] 云南省能源局网站

[7] 贵州省能源局网站

[8] 广西壮族自治区能源局网站

[9] 海南省能源局网站

[10] 中国南方电网有限责任公司

[11] 国际可再生能源署

[12] 中国光伏行业协会

参 考 文 献

［1］中国电力企业联合会，中国电力行业造价管理年度发展报告（2021）［R］．中国电力企业联合会，2022.

［2］电力规划设计总院，中国能源发展报告（2022）［R］．电力规划设计总院，2022.

［3］电力规划设计总院，中国电力发展报告（2022）［R］．电力规划设计总院，2022.

［4］IRENA，Renewable Power Generation Costs in 2021［R］. IRENA，2022.

［5］IRENA，Grid Codes For Renewable Powered Systems［R］. IRENA，2022.

［6］中国光伏行业协会，中国光伏产业发展路线图（2021）［R］．中国光伏行业协会，2022.